정통 주법과 최신 지도법에 의한

뉴 첼로 교실 II

이구일

score

머리말

오랜 기간 학생들을 가르치면서 쉽게 이해하고 배울 수 있는 적절한 기초 교본이 필요함을 느껴, 각국 명교수들의 주법을 토대로, 나아가 우리 체형에 맞는 주법을 10여 년 동안 연구, 수집하여 이 두 권의 책을 만들었습니다. 특히, 현악기에서 가장 중요시하는 "활의 운궁법, 비브라토, 울림 주법, 목 밑 엄지" 등은 유학시절부터 특별히 관심을 기울여 연구한 내용들입니다.

독자적, 개별적 교육이 필요한 주법 설명을 책으로 옮긴다는 것은 매우 힘든 작업이었습니다. 밑뿌리가 튼튼해야 알찬 열매를 맺는다는 생각에서 초급 또는 중급 정도의 교본으로 활용할 수 있도록 알기 쉽게 설명하고자 노력하였고, 또한 첼리스트에게 필요한 많은 자료를 수록하기 위해 최선의 노력을 다 했습니다.

이 교본에서 큰 활자 부분은 주법에 있어서 중요하게 이해해야 할 부분입니다. 연습 전에는 항상 책의 내용대로 단계별 "매일 연습"에 주의를 기울여 주시길 바라며, 더불어 저자가 출판한 곡들(첼로 지도곡집, 피스 등, **GI 번호순으로**)을 수준에 맞추어 이 책과 같이 연습한다면 효율적인 공부가 될 것입니다.

끝으로, 1998년 초판에 이어서 현재 4판에서는 새로운 악보를 보충하여 개정판을 만들었습니다. 이 책이 전달하고자 하는 내용을 가능한 한 올바르게 익히기 위해서는, 배우고 가르치는 입장에서 "빨리 빨리"를 강조하기보다는, 책의 순서대로 차근차근 기본기를 습득한다면, 보다 폭넓은 음악을 구사할 수 있으리라 생각됩니다.

이구일

연습의 준비 과정으로 매일 연습을 먼저 하도록 하자.

(1) 온활 연습

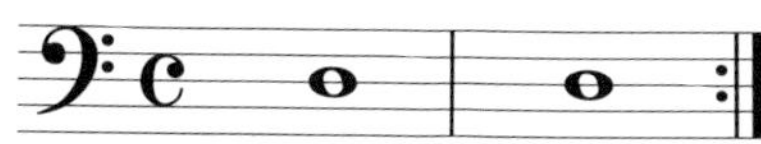

정확하게 활을 잡은 뒤 처음 시작한 자리에서만 움직이고 줄 위의 활이 직각이 되어야 하며 힘의 분배를 균등하게 하여 활 길이의 $\frac{9}{10}$ 만 사용한다.

(2) 팔굽 연습

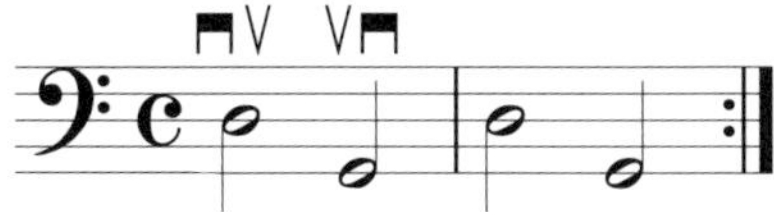

팔굽은 유연하게 하여 2 · 3번 줄의 음과 음 사이에 파열음이 생기지 않게 한다.

(3) 손목 연습

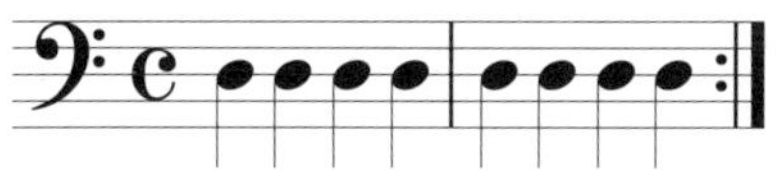

손목을 유연하게 하면서 압력 조절을 같이 한다. 너무 지나친 손목 운동은 좋지 않다.

1

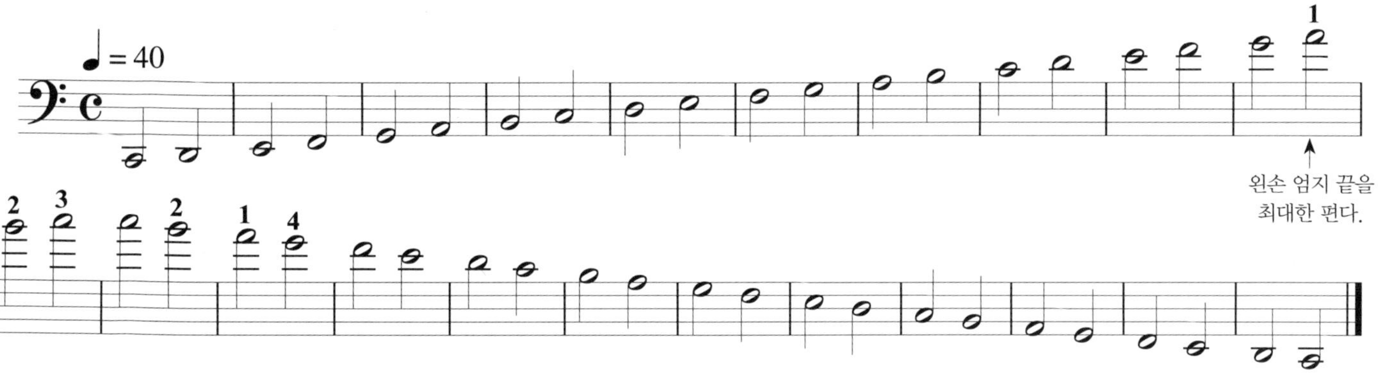

2

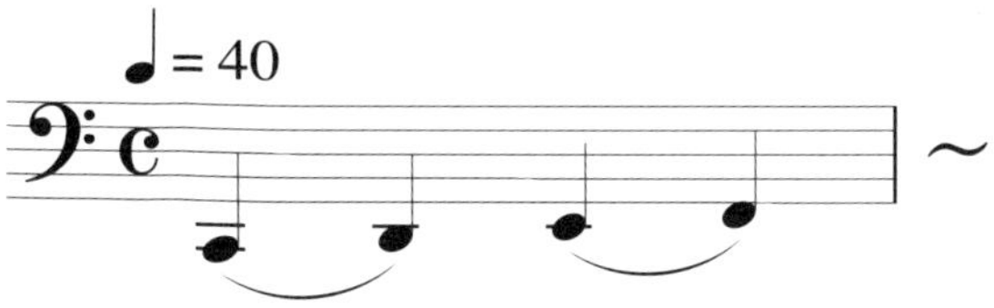

3

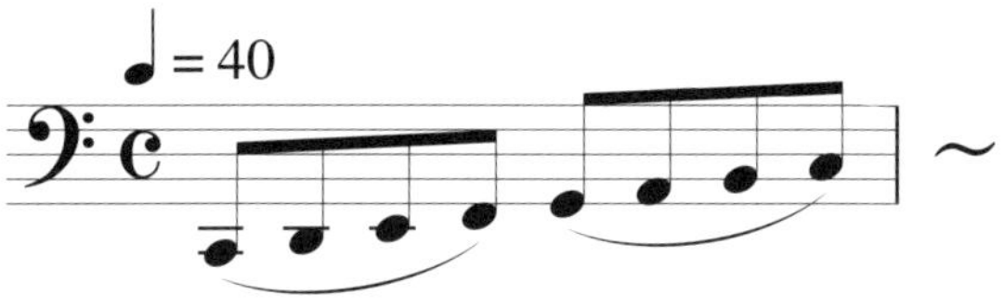

4

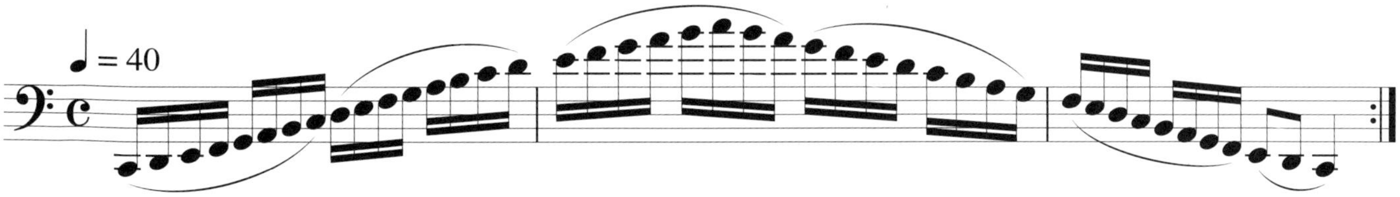

데타셰

5

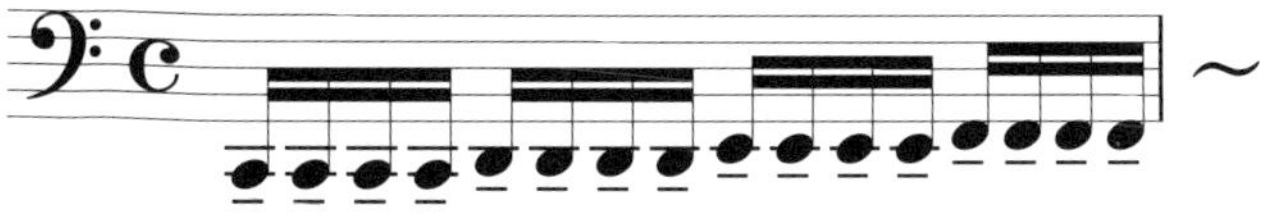

스타카토

6

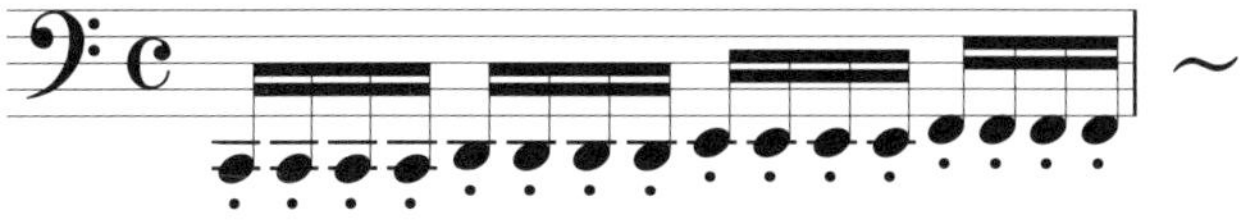

5, 6번 악보는 팔굽과 손목을 유연하게 하면서 밑활, 가온활, 끝활로 각각 연습하자.

23. 활 속도의 조절

연주자는 자신의 활 속도를 조절할 수 있도록 많은 연습을 하여야 한다. 다음의 악보를 박자기로 8박자씩 정확하게 **온 활**로 연습해 보자.

다음은 슈베르트의 아르페지오네 전반부의 2가지의 연습 방법이다. 왼손을 가볍게 하고 5도를 정확하게 표현해 보자. 온활을 사용하고 박자기로 정확한 속도를 지키면서 연습해 보자.

24. 피치카토(Pizzicato)

피치카토는 손끝으로 줄을 튕겨 소리내는 주법으로, 오른손으로 튕기는 것과 왼손으로 튕기는 것 두 가지가 있다. 피치카토(pizz.)는 손가락에 의해 음이 표현되므로 손가락의 압력 조절이 중요하다. 초보자는 보통 아르코(arco)보다 피치카토가 쉽다고 생각하는데 그것은 잘못된 판단이다. 피치카토를 정확하게 하기 위해서는 많은 주의가 필요하다. 올바른 피치카토를 연주하기 위해서는 지판(finger-board) 끝 부분이 가장 좋으며, 활과 접촉하는 줄 부분에 손가락이 닿아서는 안 된다. 피치카토의 종류에는 여러 가지가 있다. 부드러운 피치카토는 손가락 끝을 줄에 가볍게 댈 정도로 하고, *f*는 손가락 끝으로 줄을 세게 튕겨야 한다. 이때 손톱을 사용하거나 지판에 닿을 정도로 세게 해서는 안 된다.

24-1. 활대를 잡는 모양

피치(pizz.)일 때 활 이음틀을 재빠르게 잡고 손가락은 가위 모양이 되게 한다. 이때 엄지는 지판 옆에 붙이고 1지 또는 2지로 삐치듯이 튕긴다.

아르코(arco)일 때는 반대로 엄지를 빨리 넣고 활 잡는 순서대로 줄 위 정 위치로 간다.

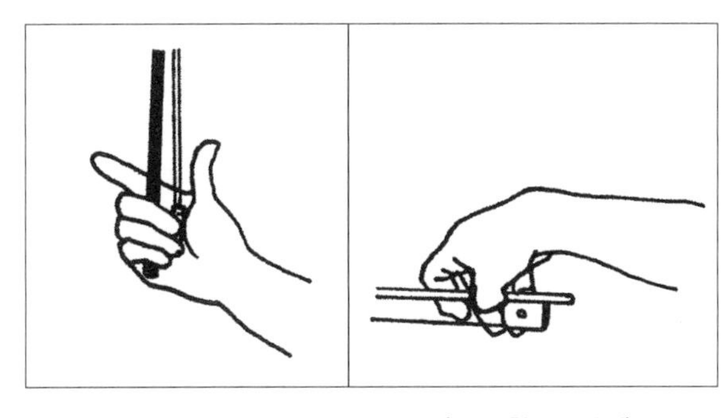

〈pizz. 활 잡는 모양〉　　〈arco 활 정 위치〉

24-2. 튕기는 자세

◀ 엄지를 지판 옆에 붙이고 튕긴다.
보통 1지는 *f*일 때, 2지는 *p*일 때 사용한다.

〈그림 1〉 한 음 피치카토 자세

◀ 두 음 이상 올림 피치(⌄p)일 때 엄지는 화살표 ＼ (위) 방향으로 한다.
내림 피치(⌃p)일 때 1지나 2지로 화살표＼(밑) 방향으로 한다.

〈그림 2〉 두 음 이상 피치카토 자세

한 음씩 피치카토 하는 자세에 있어서, 특별히 악센트를 요하는 pizz. 외에는 〈그림 1〉과 같이 엄지를 지판에 붙여 pizz. 하는 것이 보통이다. 그러나 초보자일 경우 엄지를 떼고서 pizz.하는 연주자가 많은데 그 모습은 보기에도 좋지 않으며 연주에 있어서도 불안정하고 빠른 pizz.는 할 수 없다. 또한, pizz.를 할 때는 지판에 줄이 닿는 "척, 척" 소리가 나는 것도 연주에 방해가 되니 주의해야 한다.

연습

1지로 (*f*) 연습   2지로 (*p*) 연습

①, ②, ③ 같은 리듬으로 a, b, c를 연습하자.

① … 엄지 손가락으로
② … 1지나 2지로
③ … 엄지(ᵛP)와 1지나 2지로(ᴘ)

24-3. 피치와 아르코 혼합 연습

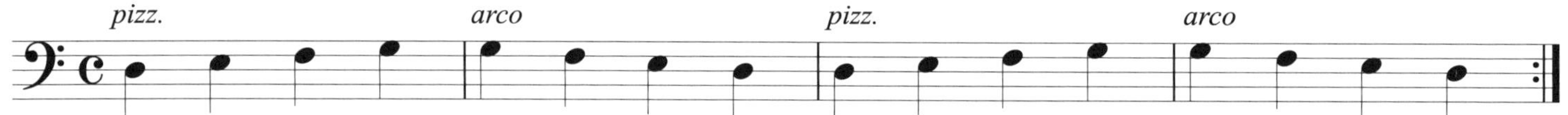

활대를 잡고 펴는 것이 숙달될 때까지 처음에는 천천히 하다가 점차 빠르게 연습해 보자.

24-4. 왼손 피치카토

정 자세로 줄 위에 왼 손가락을 놓는다. 줄을 옆으로 밀 듯이 손가락을 움직여 줄을 뜯는다. 이때 손목을 움직여서는 안 된다.

다른 줄에서도 연습

연습

The Fourth Doesthe Picking

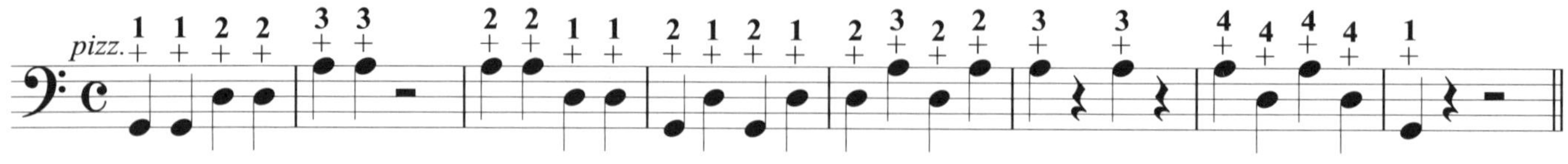

Snowflakes

French Folk Song

기호 ³₊ ⁴₊ … 왼손가락으로 번호대로 퉁기는 것

Moderato
1
pizz.
arco
arco
4 4
pizz.
arco
1
Adagio
2
pizz.

25. 가온음자리표(테너)

다음 낮은음자리표, 가온음자리표(테너), 높은음자리표의 음들은 모두 같은 음들입니다.

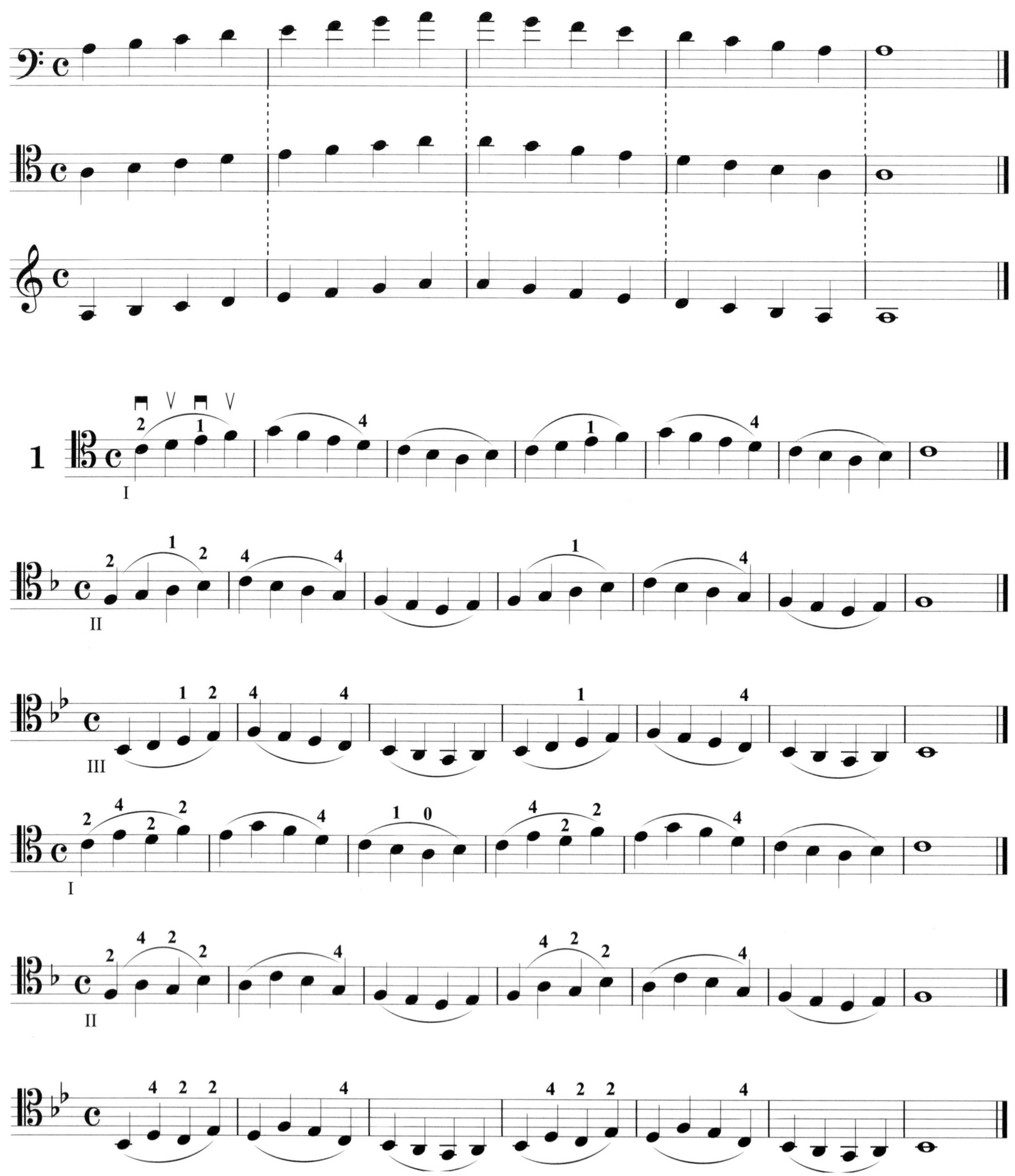

Andante
2
Adagio
p dolce
Händel
f
mf
pp
dolce
mf
p
II

(1) 라단조(D minor)

(2) 라장조(D Major)

〈다른 활 쓰기〉

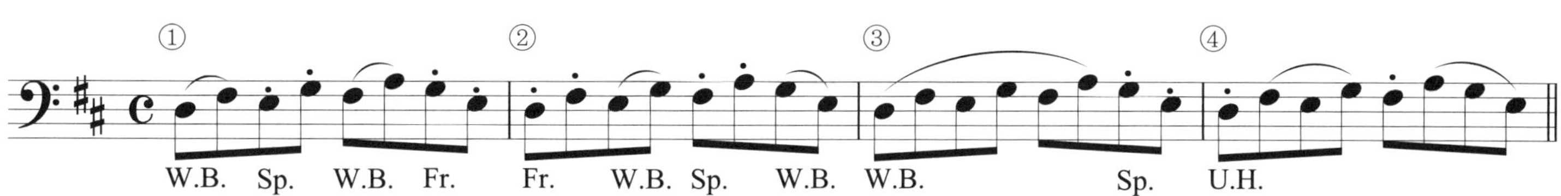

Moderato
5
W.B.   Sp. W.B.   Fr.
Allegro moderato
Lee
6
mf
16

(3) 나단조(B minor)
7
Andante

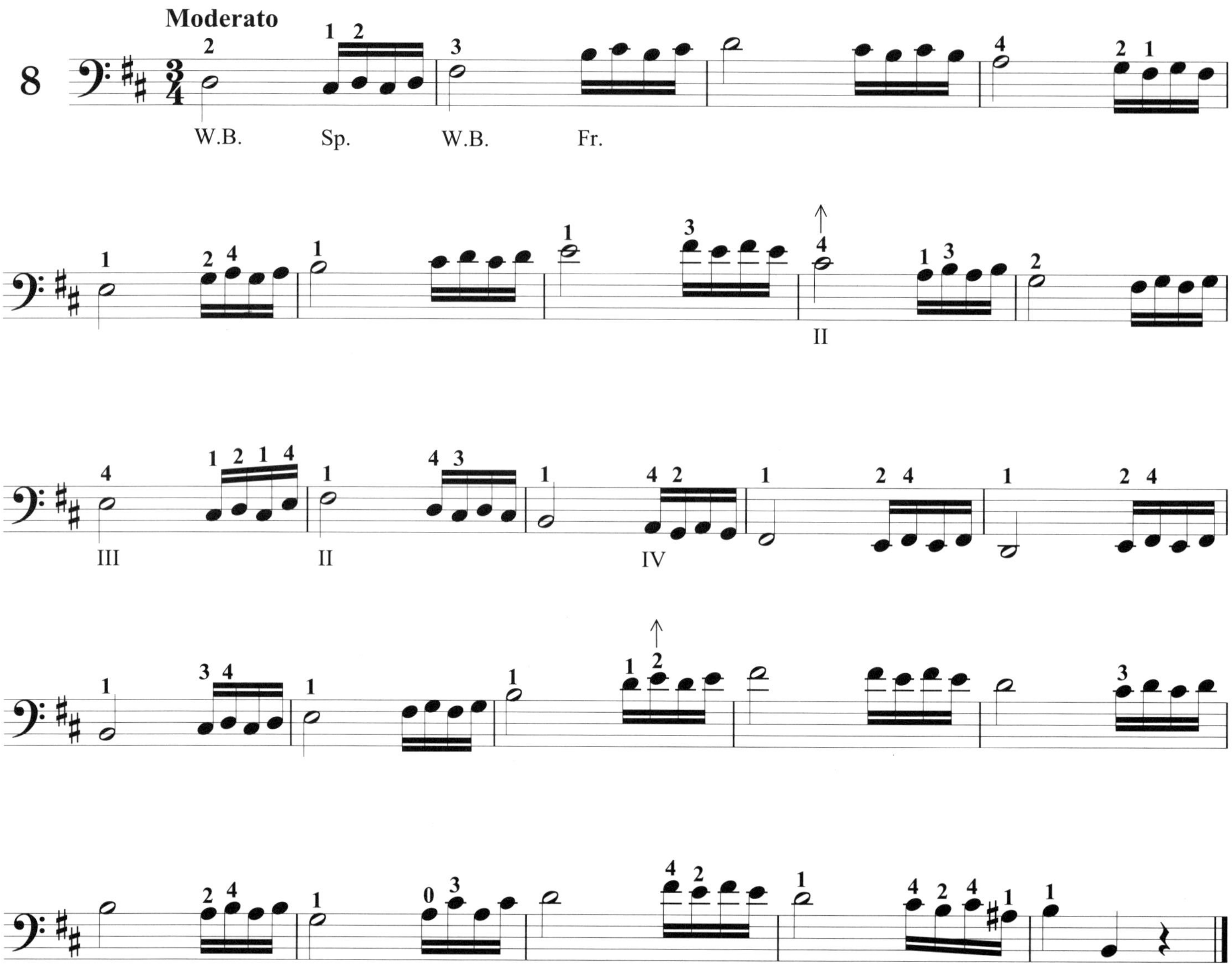

8

(4) 내림나장조(B♭ Major)

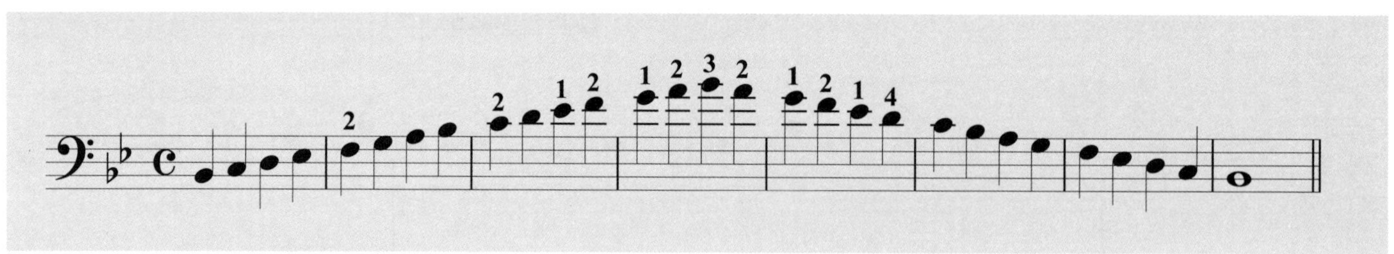

9

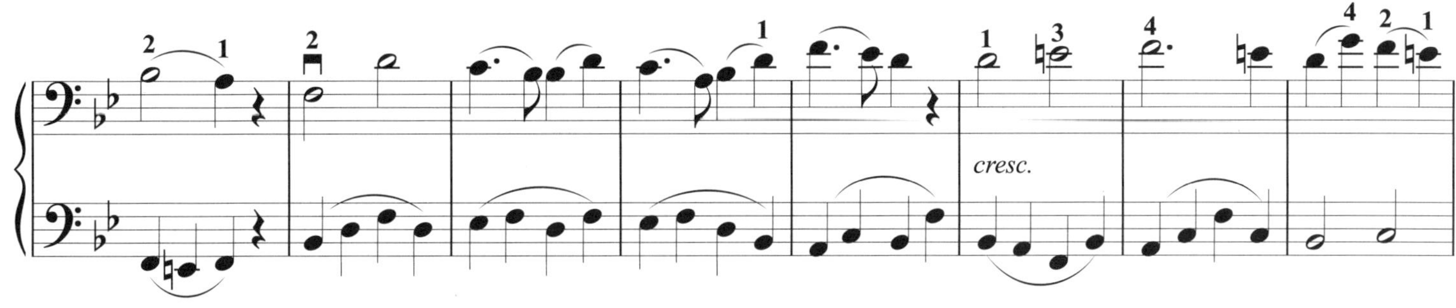

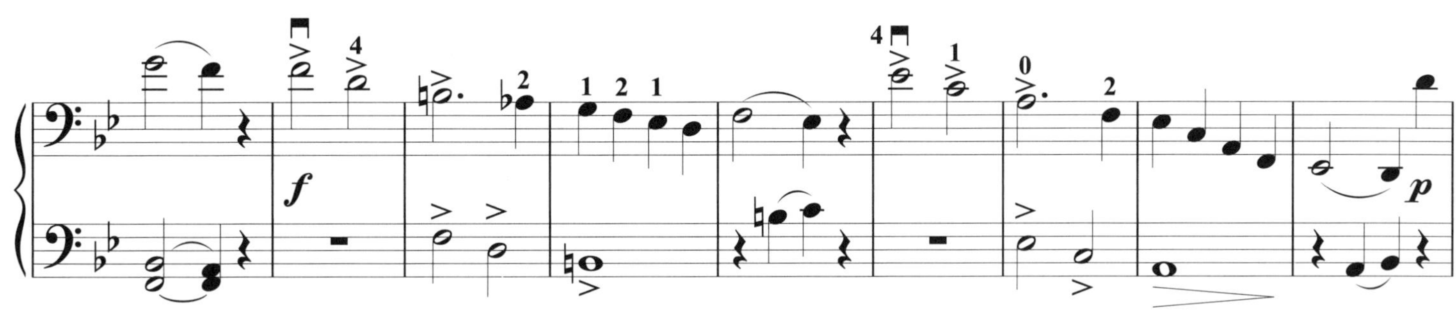
cresc.
f

dolce
p
p

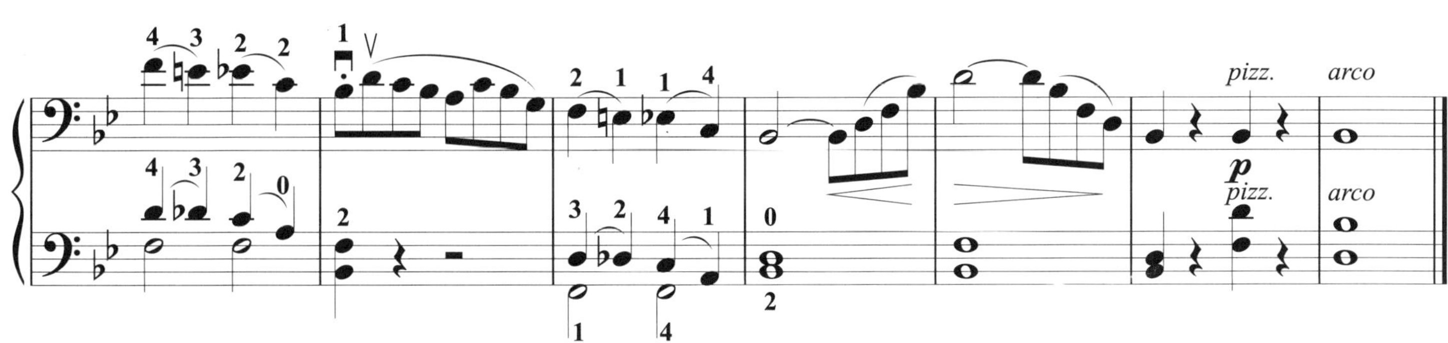
pizz.   arco
p
pizz.   arco

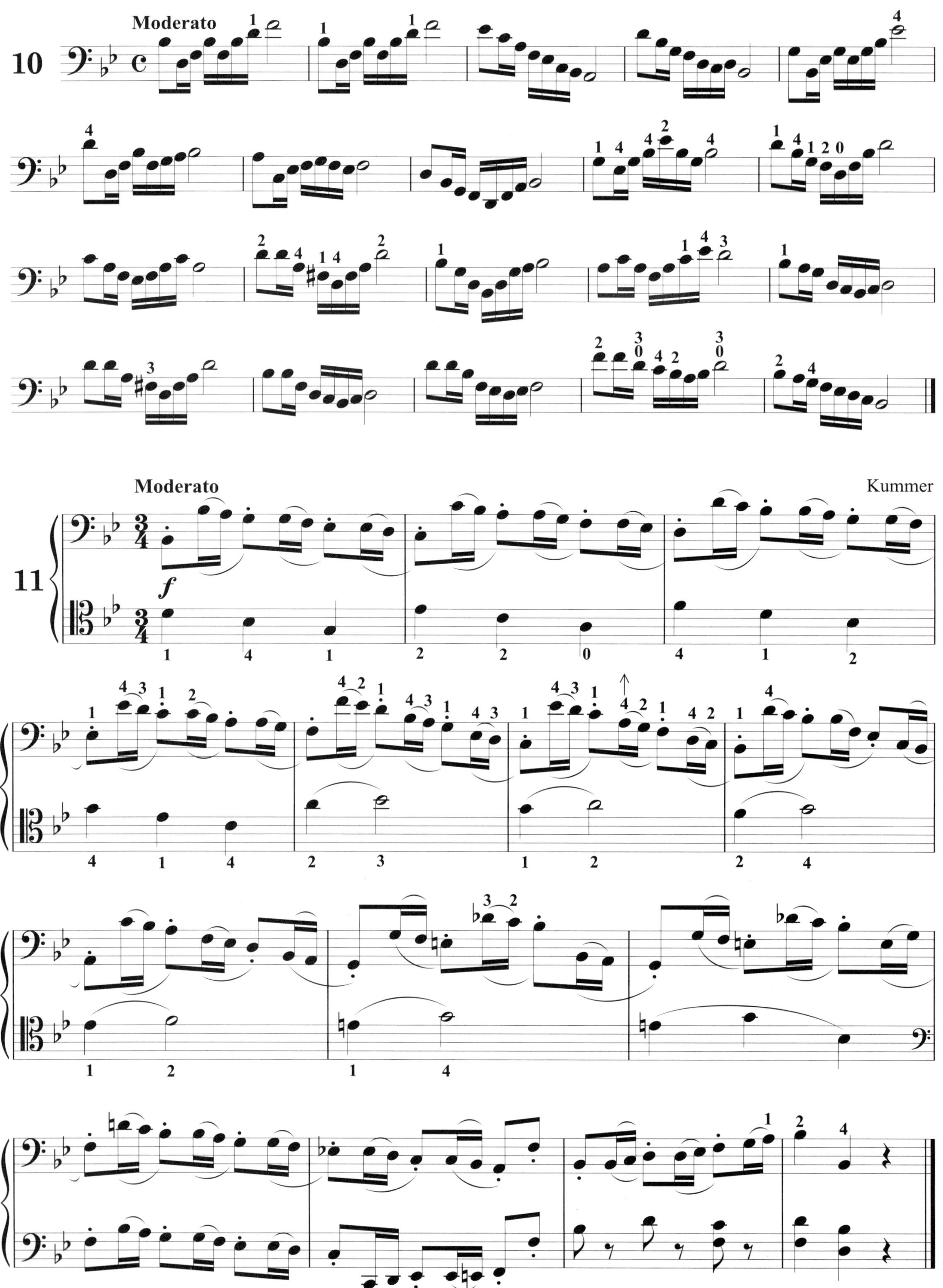
Moderato
10
Moderato
Kummer
11
f

(5) 사단조(G minor)

Allegretto
13
Allegro
Kummer
p
14
22

27. 악센트

악센트는 >, ∨ , *sf*, *sfz*, *fz*, *rf*, *rfz* 등으로 적으며, '그 음을 특히 세게' 연주하라는 뜻이다.

오른손 엄지와 제1지에 순간적으로 힘을 주어 손목에 압력을 가하면서 빠르게 활을 켠다.

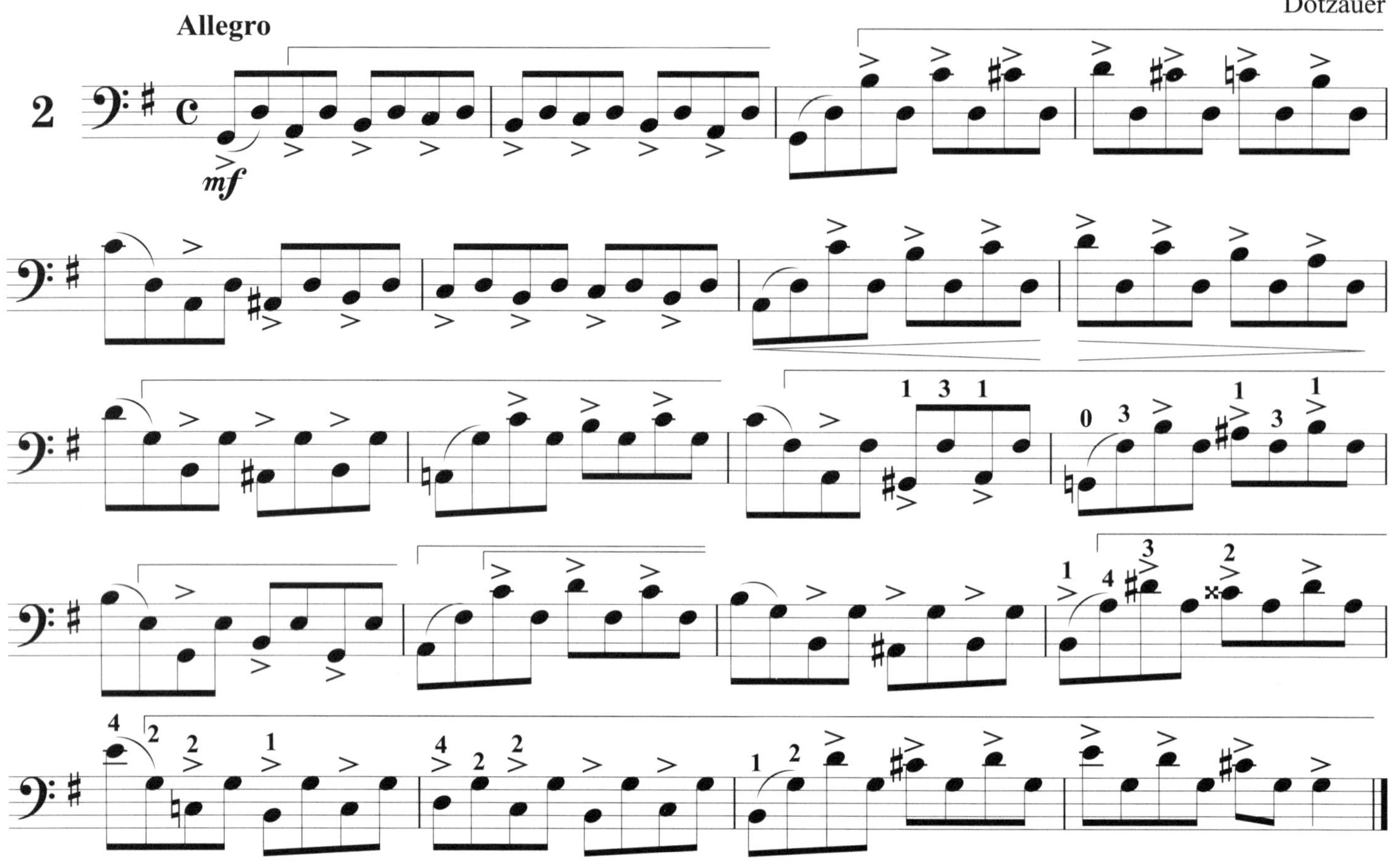

◎ 활끝 연습

다음은 활끝에 가하는 힘을 키우기 위한 연습이다. 다소 힘이 들지만 인내심을 가지고 연습하자.

28. 각 조의 연습 · 5

(1) 가장조(A Major)

Adagio
3
II
26

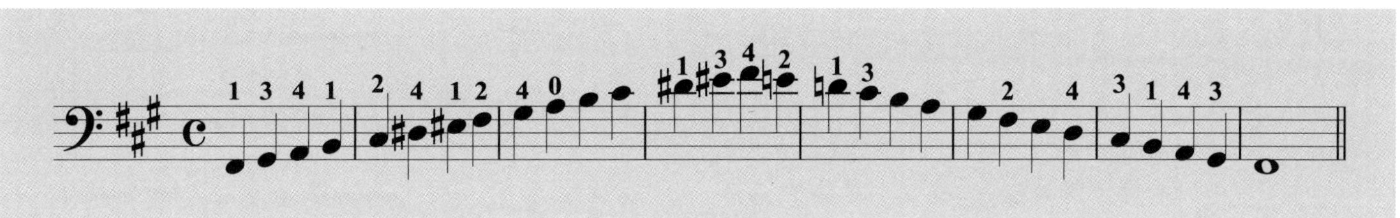

Moderato maestoso

5 Moderato

(3) 내림마장조(E♭ Major)

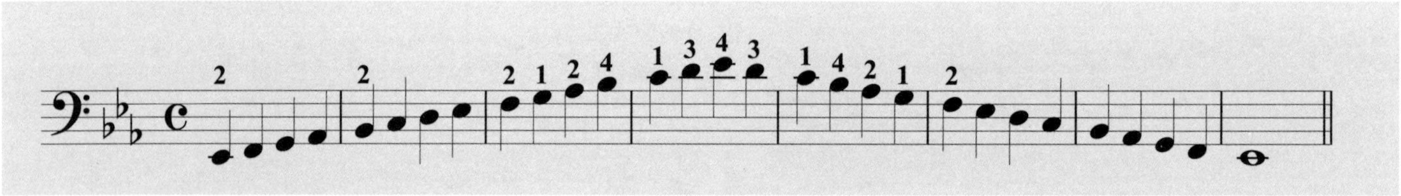

6 Moderato

〈다른 활 쓰기〉

① ② ③ ④

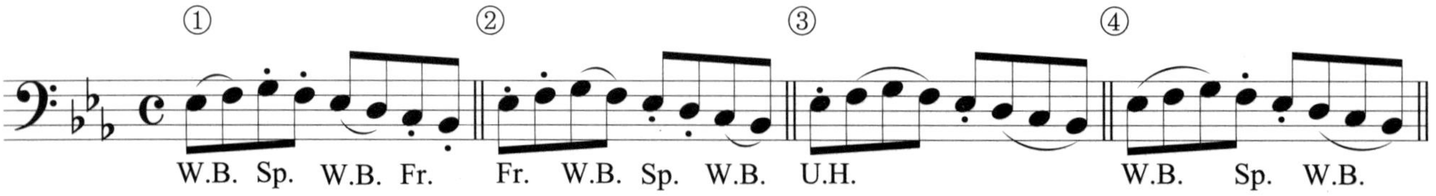

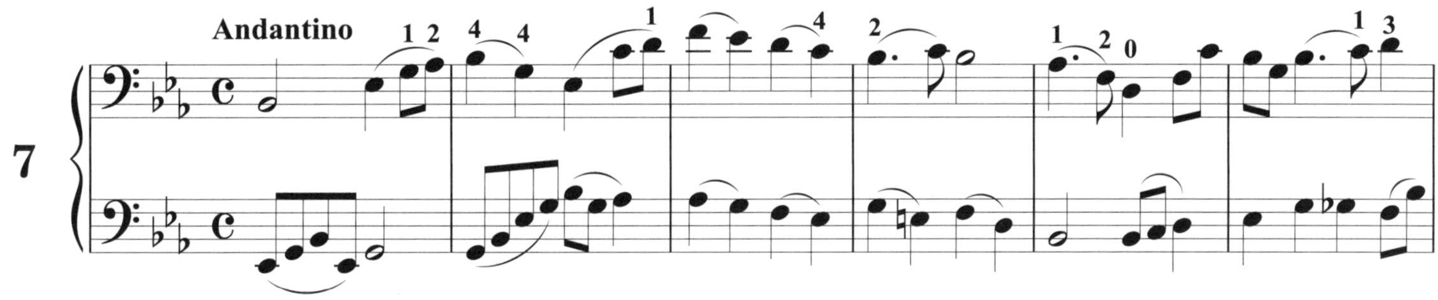

Andantino
7

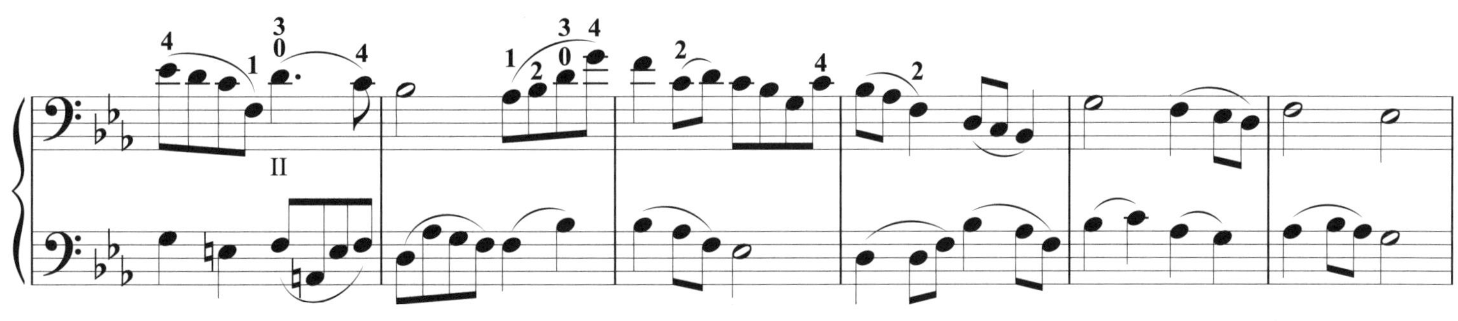

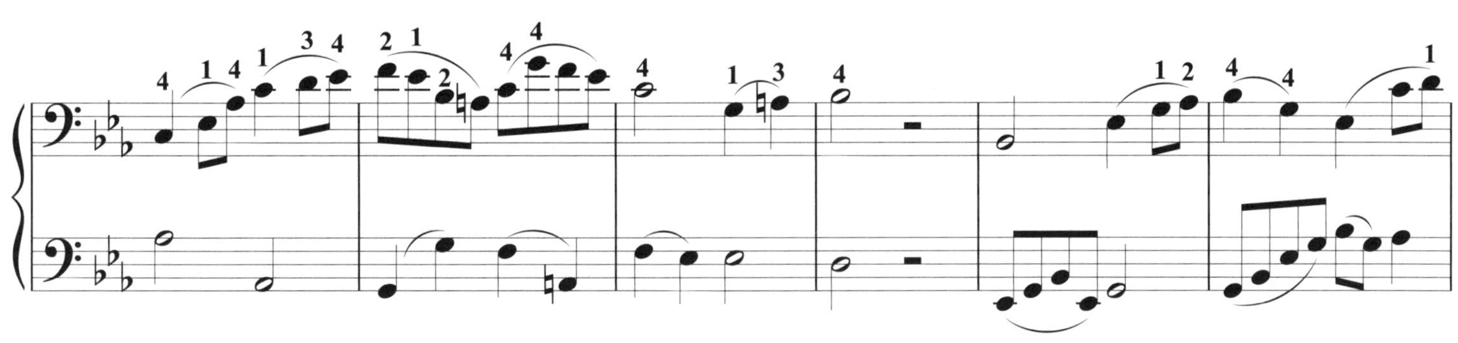

(4) 다단조(C minor)

(5) 마장조(E Major)

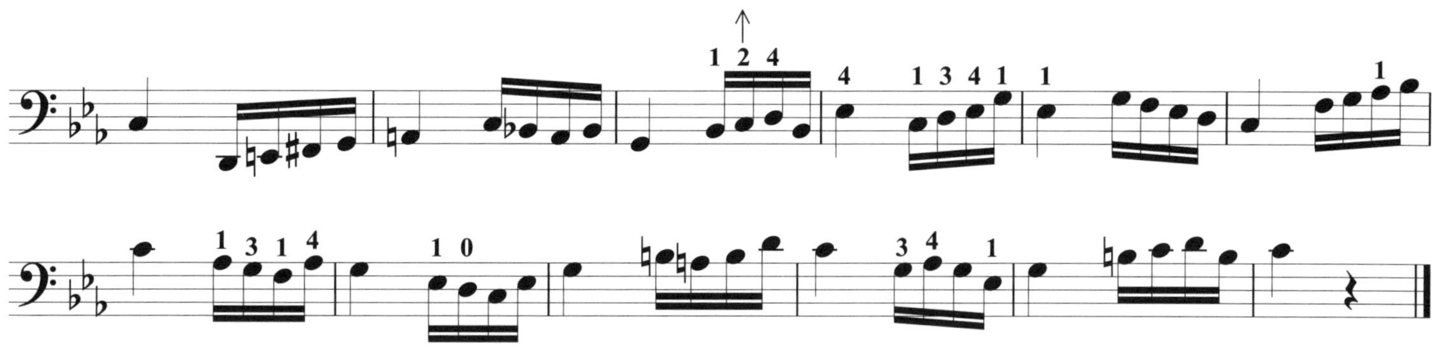

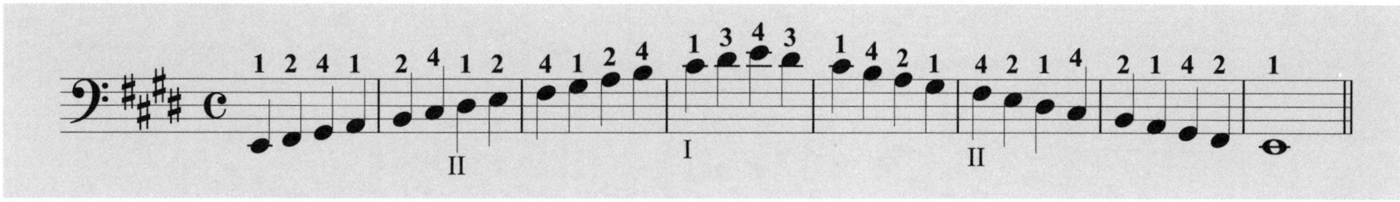

10

(6) 올림다단조(C♯ minor)

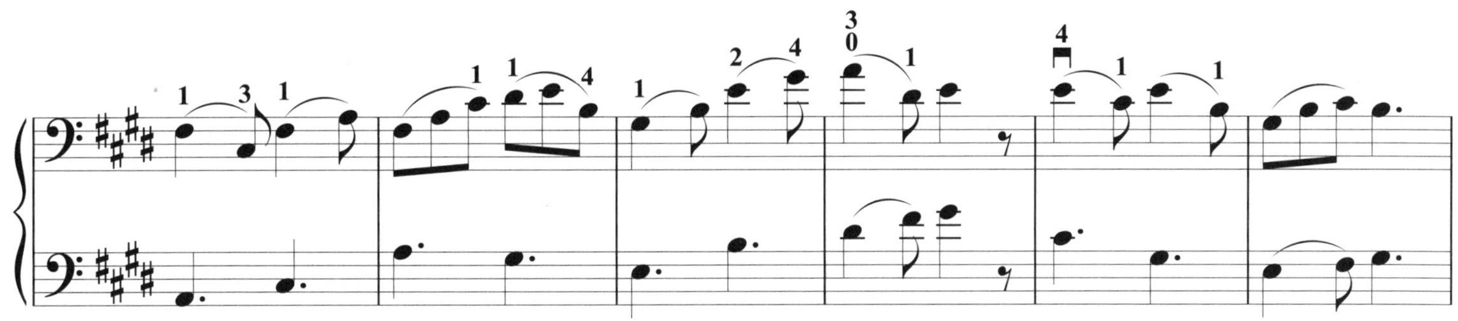

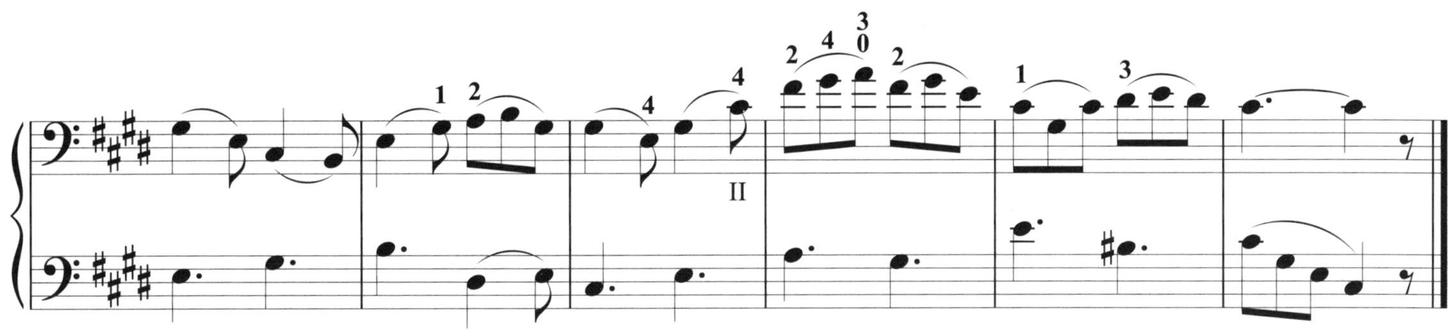

(7) 내림가장조(A♭ Major)

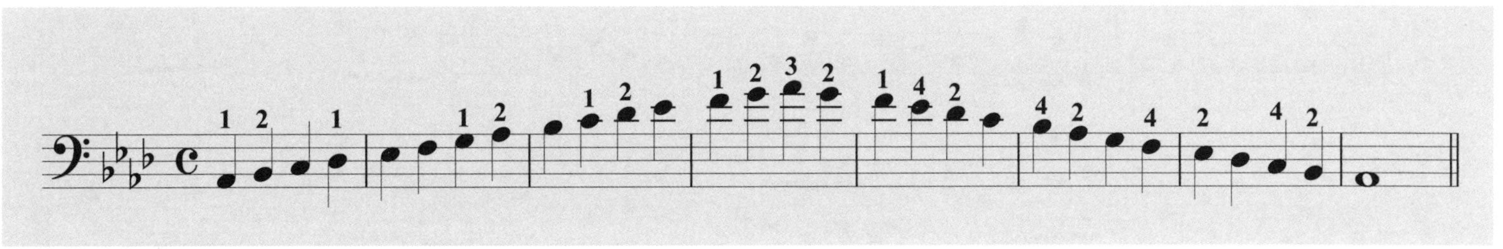

Moderato
14
III
II
I
III
II
II
IV

〈다른 활 쓰기〉

①
②
③
④
W.B. Sp. W.B. Fr.
U.H.
W.B.
W.B. Sp. W.B.

Allegretto
15
II
IV III

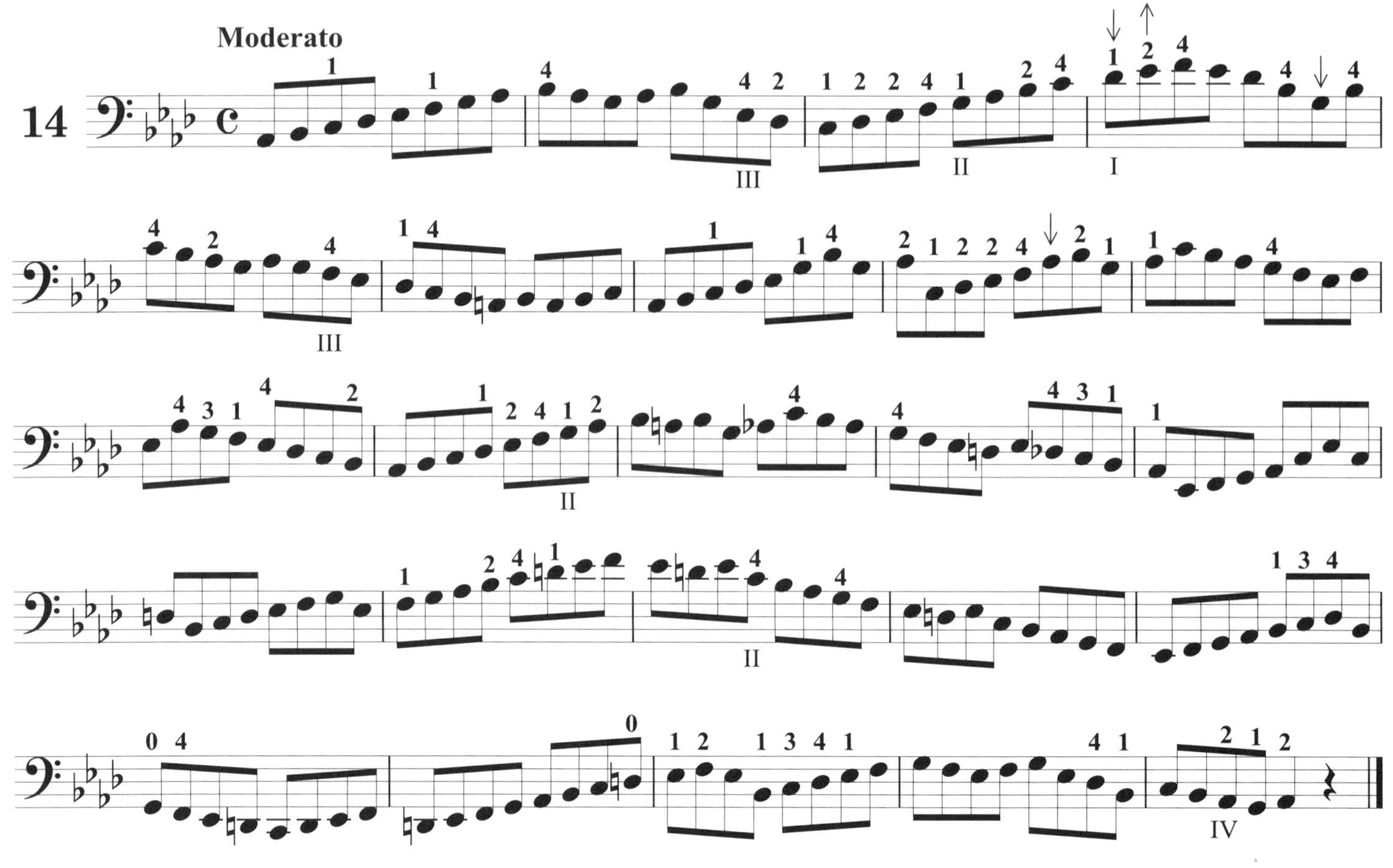

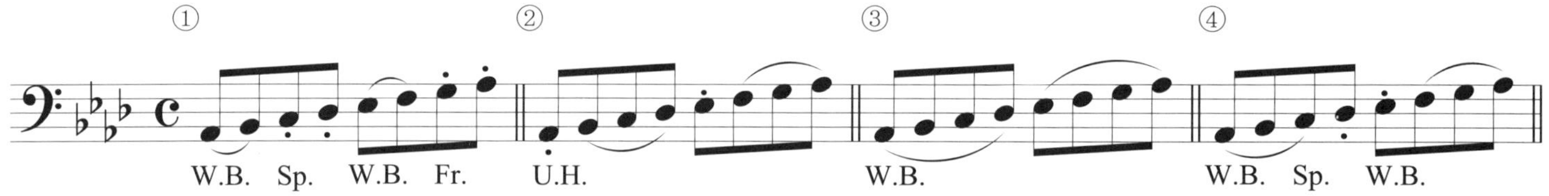

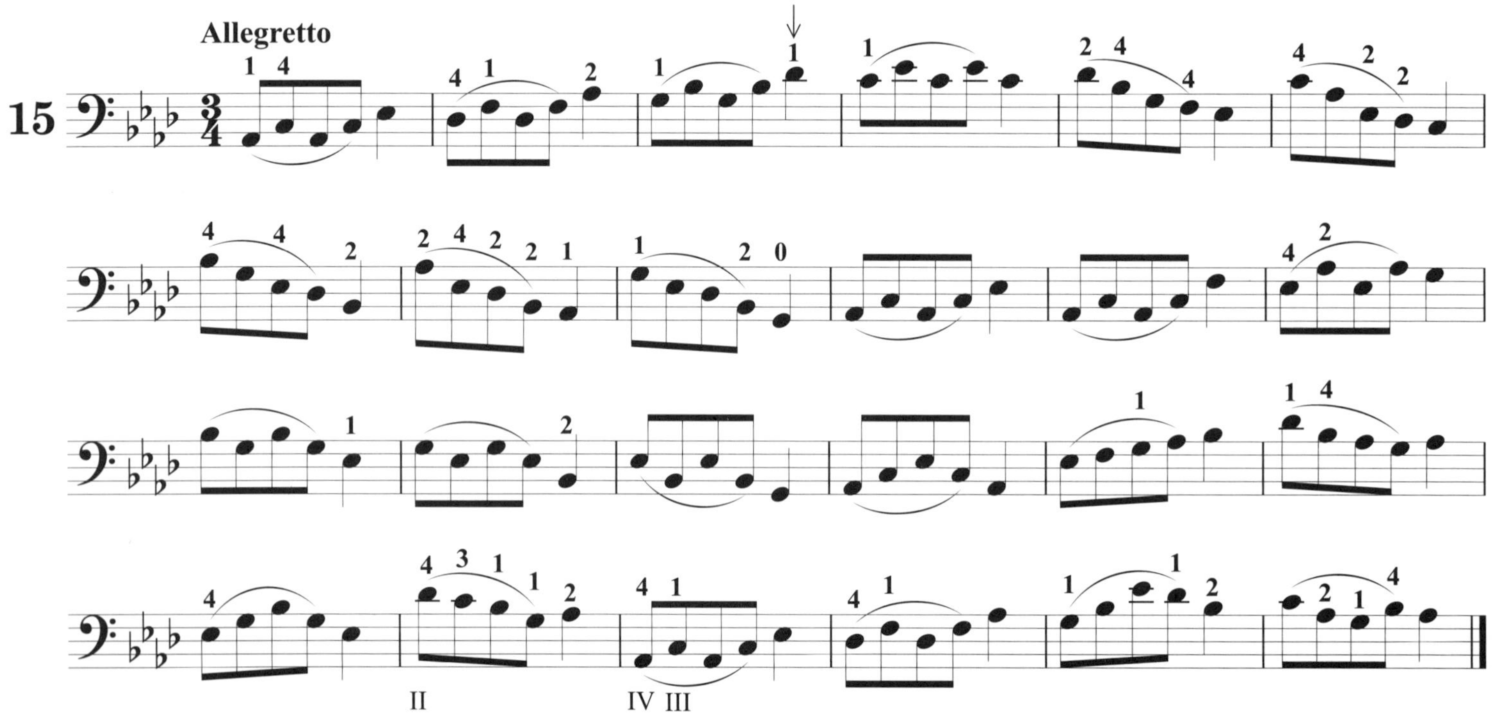

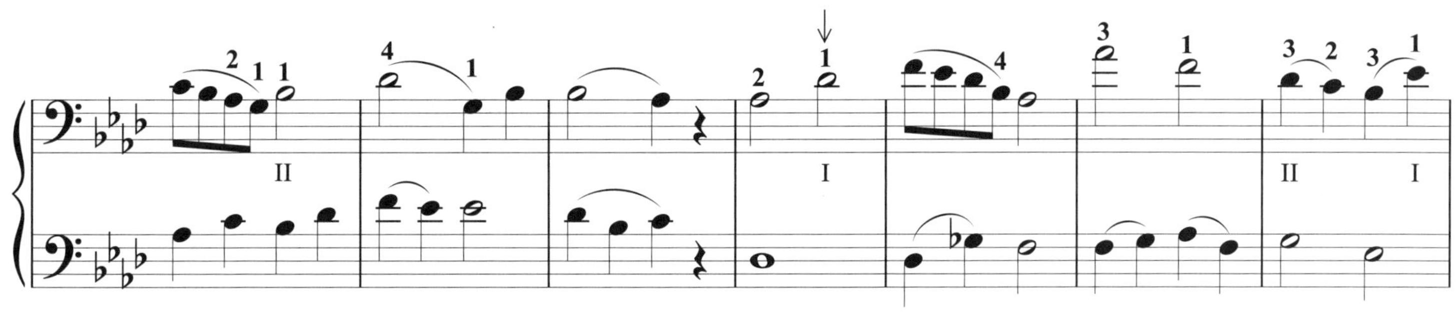

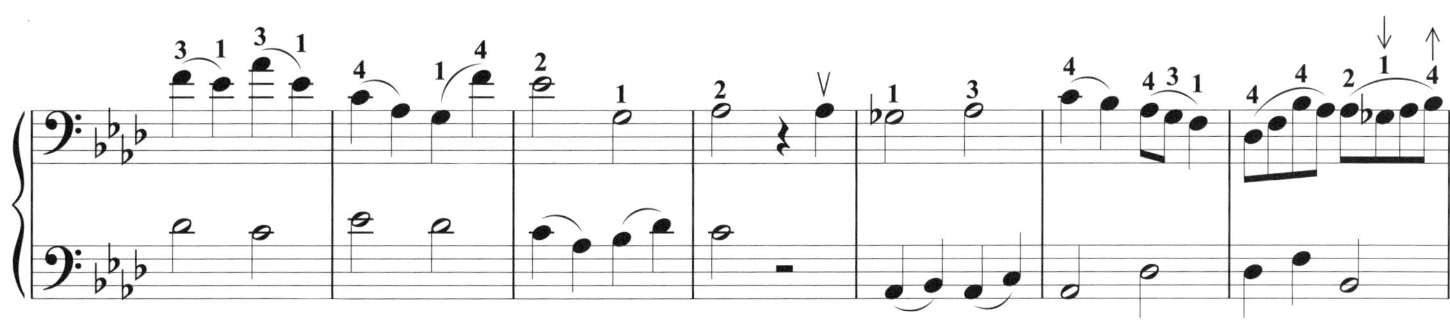

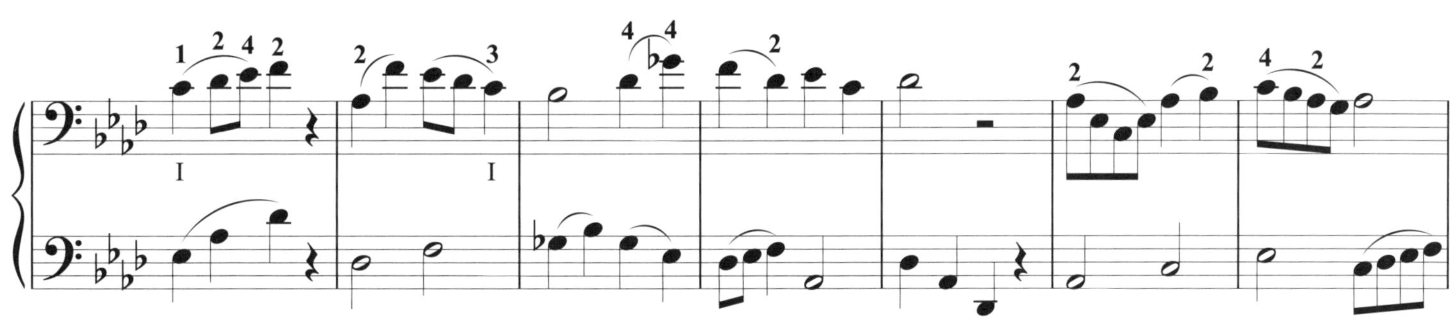

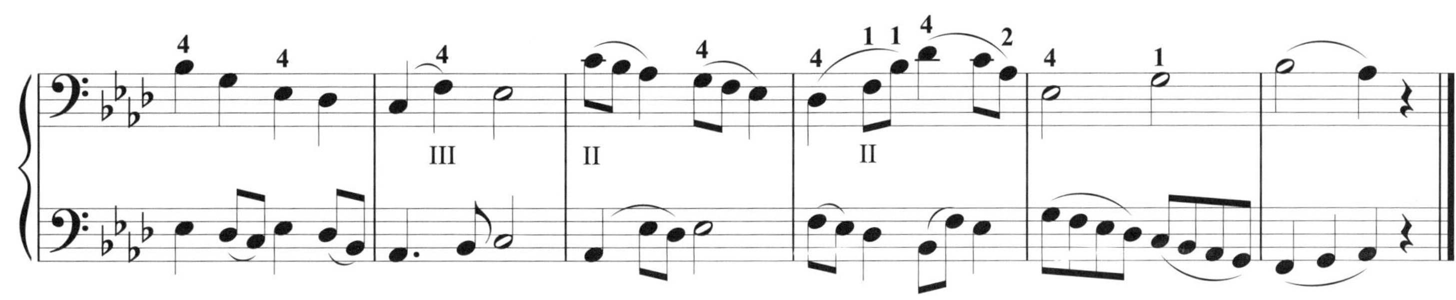

(8) 바단조(F minor)

Andante
19

· 팔굽, 손목을 유연하게 쓰자.

〈다른 활 쓰기〉

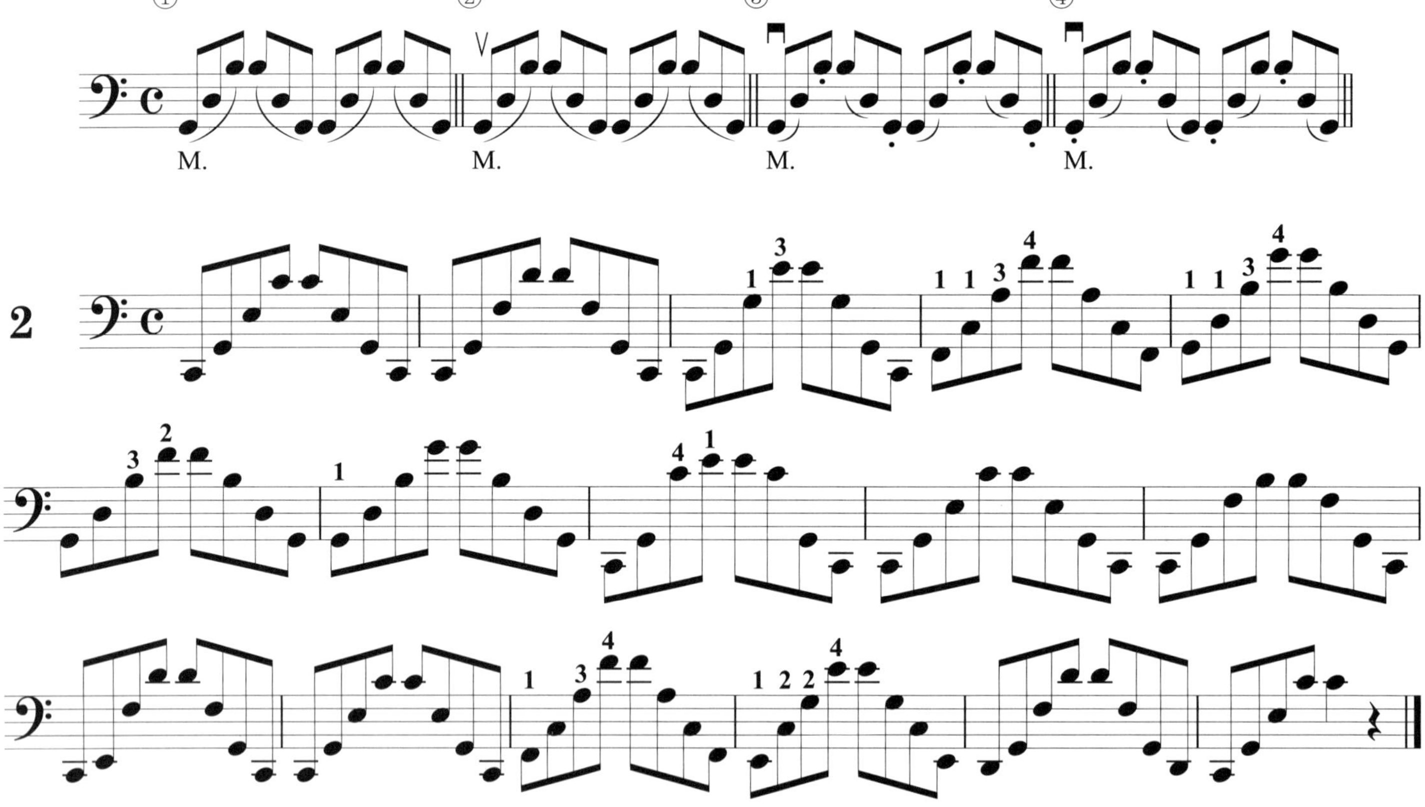

〈다른 활 쓰기〉

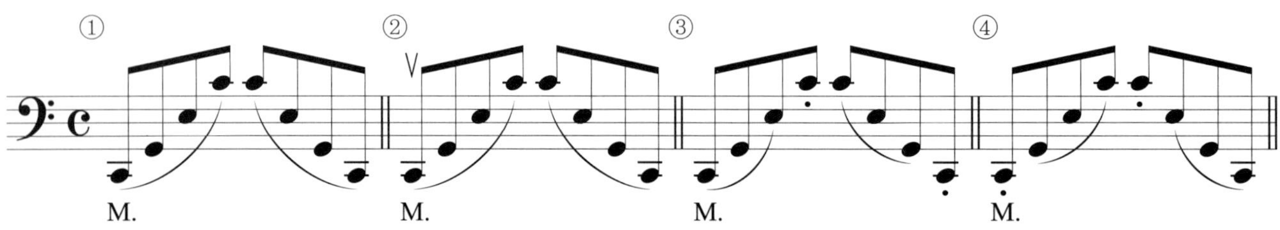

30. 반음계

sempre legato
sempre legato
sempre legato
sempre legato
sempre legato

연습의 준비 과정으로 꾸준히 연습하도록 하자.

(1) 온활 연습	(2) 팔굽 연습	(3) 손목 연습
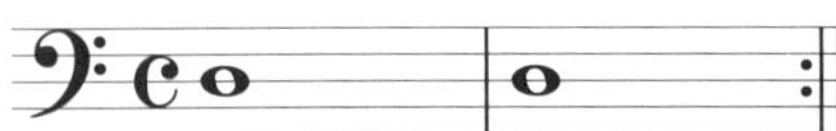		
활은 $\frac{9}{10}$ 만 사용하며, 힘의 분배를 일정하게 하고 줄 위에서 직각이 되게 하며, 처음 시작한 자리에서 움직이고 있는지 확인한다.	팔굽을 유연하게 하여 음과 음 사이를 부드럽게 연결시킨다.	손목을 유연하게 하면서 압력 조절을 똑같게 한다. 너무 지나친 손목 운동은 좋지 않다.

※ 포지션(Position) 변경 시 주요 사항

ⅰ. 포지션을 바꿀 때 손목을 돌려 올라가지 말고, 음정의 정확성과 음의 탄력을 위해 **팔굽 끝부터 움직인 다음** 손목과 손가락을 **일치시켜** 움직인다.

ⅱ. 왼손 다섯 손가락은 항상 줄 위에 머물러야 하며, 누르고 있는 손가락 외의 손가락도 줄 위에 살며시 놓고 있는다.

ⅲ. 엄지〈54쪽 그림 1〉로 내려갈 때 엄지는 줄과 직각을 이루어 두 줄 위에 놓고, **1지 옆에 온음 간격으로** 항상 붙어서 내려가고 올라온다.

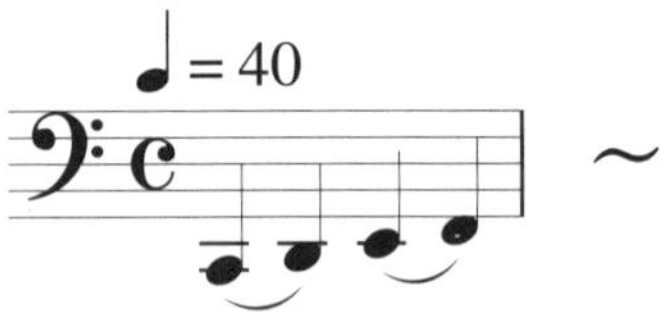

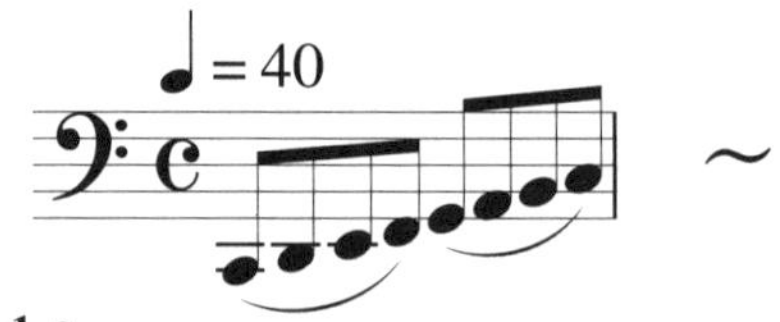

데타셰

스타카토

점음표

5, 6, 7번은 팔굽, 손목을 유연하게 하여 밑활, 가온활, 끝활로 각각 연습하자.

31. 크레셴도와 데크레셴도

31-1. 보통 연주법(mf 자리에서)

느린 활로 센 음(f)을 소리낼 때에는 줄버팀 가까이에서 소리내며, 여린 음(p)을 낼 때에는 줄버팀에서 떨어져서 소리를 낸다. 또, 활을 빠르게 움직일 때는 줄버팀에서 떨어져서 소리를 낸다. 점점 세게(━━━━)를 연주할 경우에는 활털의 일부분만을 줄에 대어 처음에는 아주 느긋하게, 그리고 점차로 빠르게 움직여 활털의 전부를 줄에 문지르며 점점 활을 줄버팀 가까이로 가는 동시에 집게 손가락에 힘을 더해간다. 점점 여리게(━━━━)의 경우는 반대로 하면 된다.

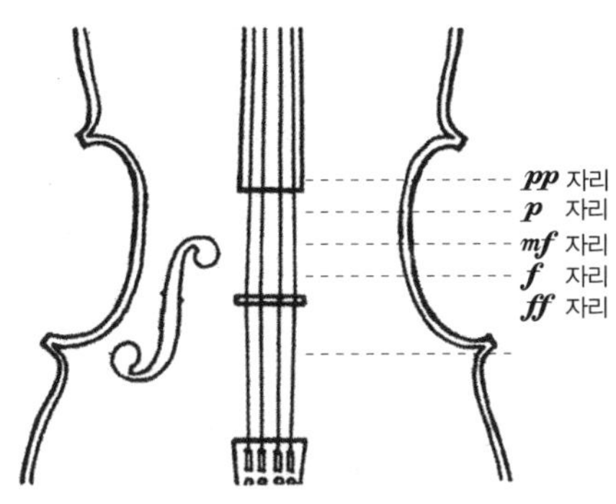

같은 압력으로 여러 위치에서 활 연습을 해 보자.

31-2. 만텔(Mantel)의 활 주법

만텔의 활 주법은 초보자에게는 조금 힘들다. 활 연습이 숙달되었을 때 연주해 보도록 하자.

$p{\rightarrow}f$ 동작

내림활일 때 손목은 줄버팀 쪽으로 밀고, 어깨는 율동적으로 움직이면서 번호 순서대로 해 보자. 코드도 빠른 동작으로 하면 소리가 한결 부드럽다.

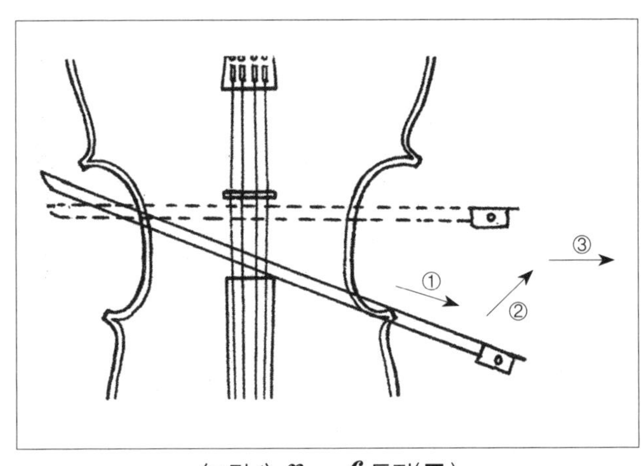

〈그림 1〉 $p \rightarrow f$ 동작(▉)

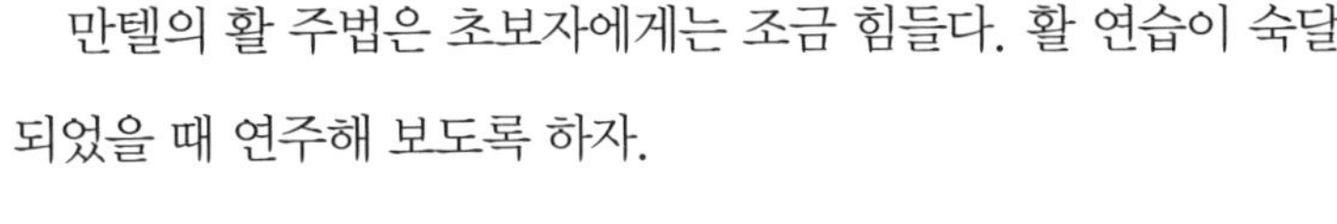

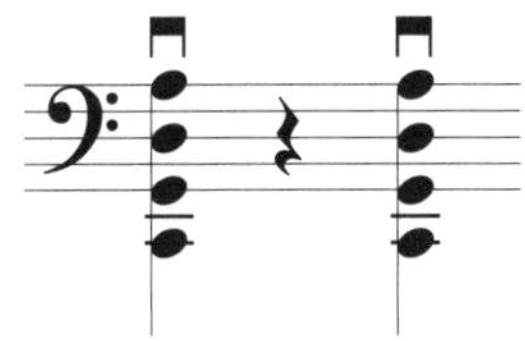

$f{\rightarrow}p$ 동작

올림활일 때 3지(약손가락)와 4지(새끼손가락)를 움츠리고 어깨를 활 방향으로 율동적으로 움직이면서 번호 순서대로 해 보자.

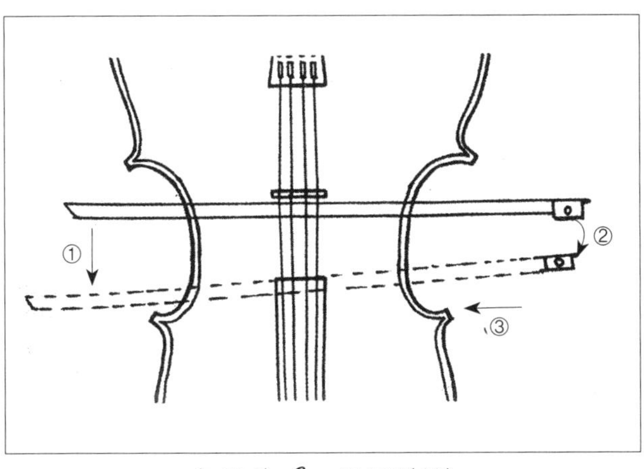

〈그림 2〉 $f \rightarrow p$ 동작(∨)

31-3. 송 필레(The Son Fiilé)

음계의 학습과 함께 오랜 역사를 갖고 있는 송 필레는 음을 길게 지속하는 연습이며, 이는 오랫동안 현악기 주자에게 있어서 음 만들기와 활 조절의 학습을 위한 귀중한 재료이다.

긴 악절에는 숨을 쉬기 위해 노래를 중단하는 일없이 노래하는 능력이 성악가에게 있어 중요한 것처럼 계속 켜는 stroke(반복 운동)의 활 조절은 현악기 주자에게 있어서 매우 중요하다. 그것은 활을 바꿀 필요없이 긴 음 또는 악절을 지속하는 능력이다. 송 필레는 먼저 개방현에서 연습하고 다음에 단음 음계나 2중음의 음계로 나아가야 한다.

*p*에서 *f*까지의 음량의 변화는 다음과 같이 여러 가지 주법으로 표현할 수 있다.

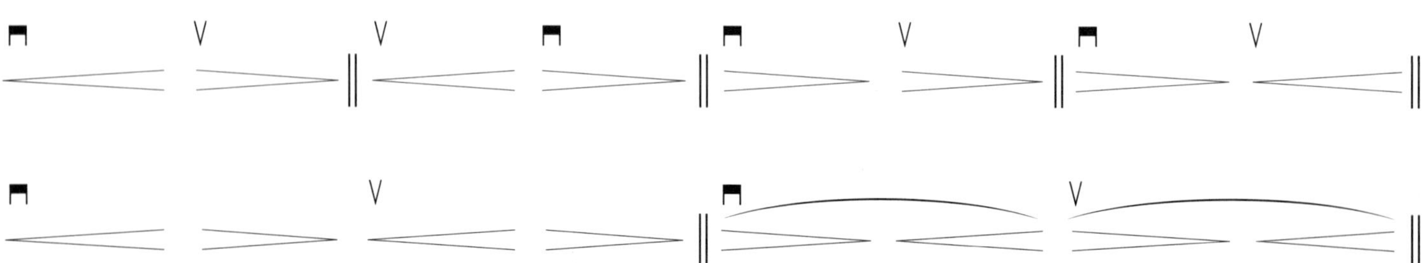

32. 트릴(Trill)

32-1. 트릴 및 여러 가지 꾸밈음

트릴의 연주는 곡의 성격과 시대에 따라 다르다. 일반적으로 경쾌한 느낌으로 손가락에 힘을 빼고 편안한 상태에서 음을 고르게 내야 한다.

(1) 트릴(Trill)

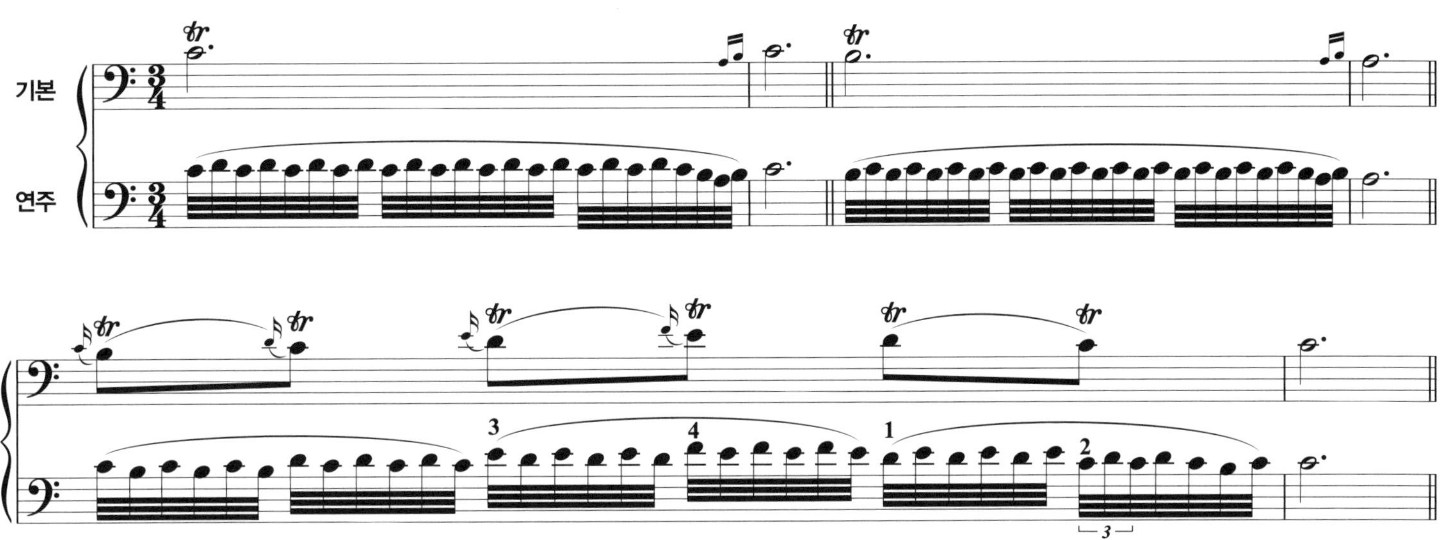

처음에는 천천히, 점차 빠르게 연습해 보자.

다음의 크레셴도(◁)와 데크레셴도(▷)는 활 끝에 가하는 힘을 키우려는 의도이다.

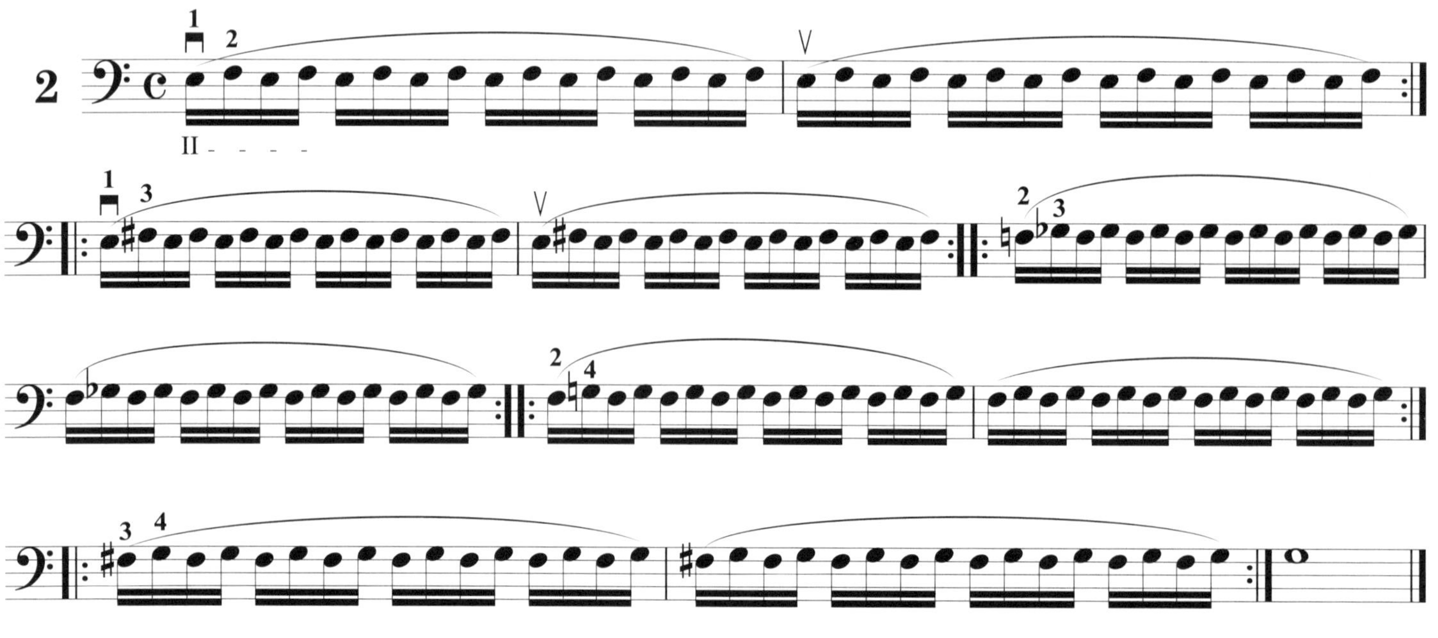

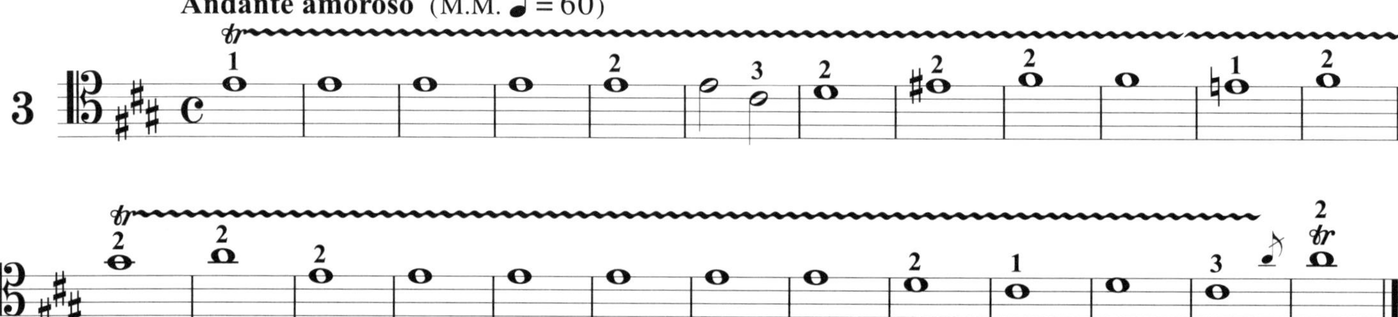

(2) 돈꾸밈음(Gruppetto, Turn)

(3) 앞꾸밈음(Appoggiatura)

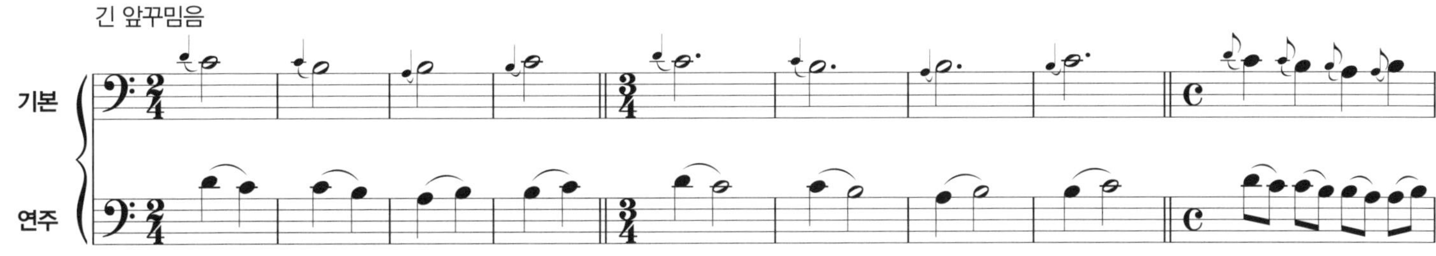

(4) 잔결꾸밈음(Mordente)

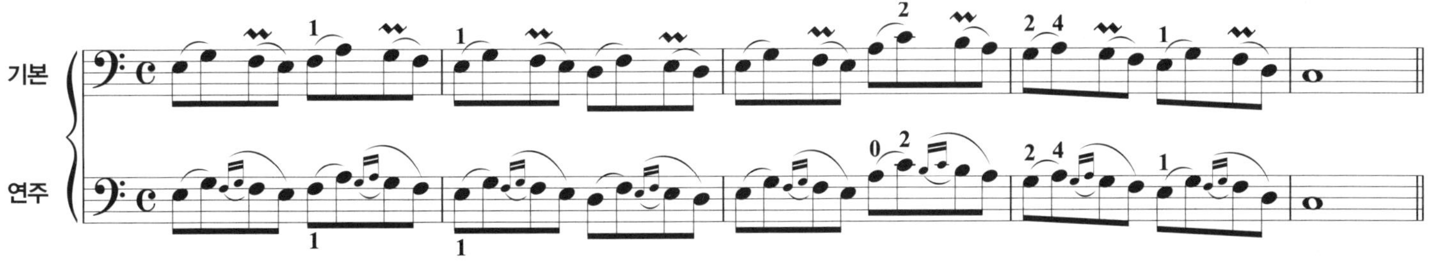

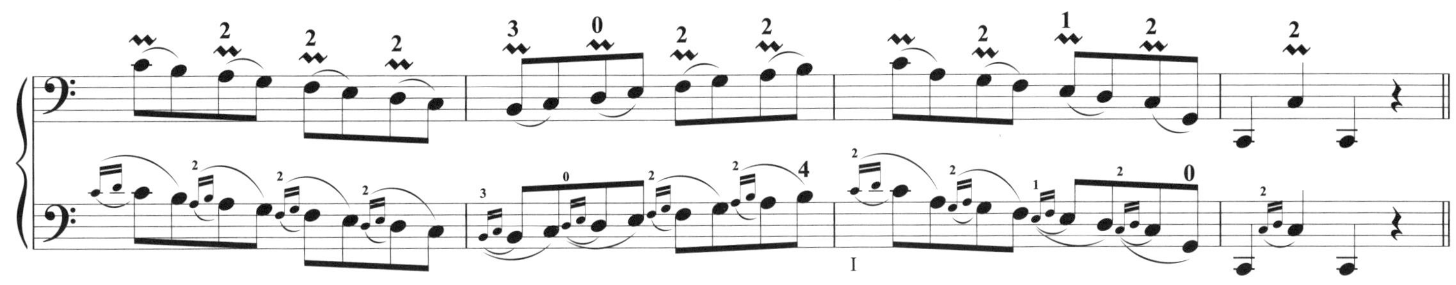

(1) 트릴(*tr*)

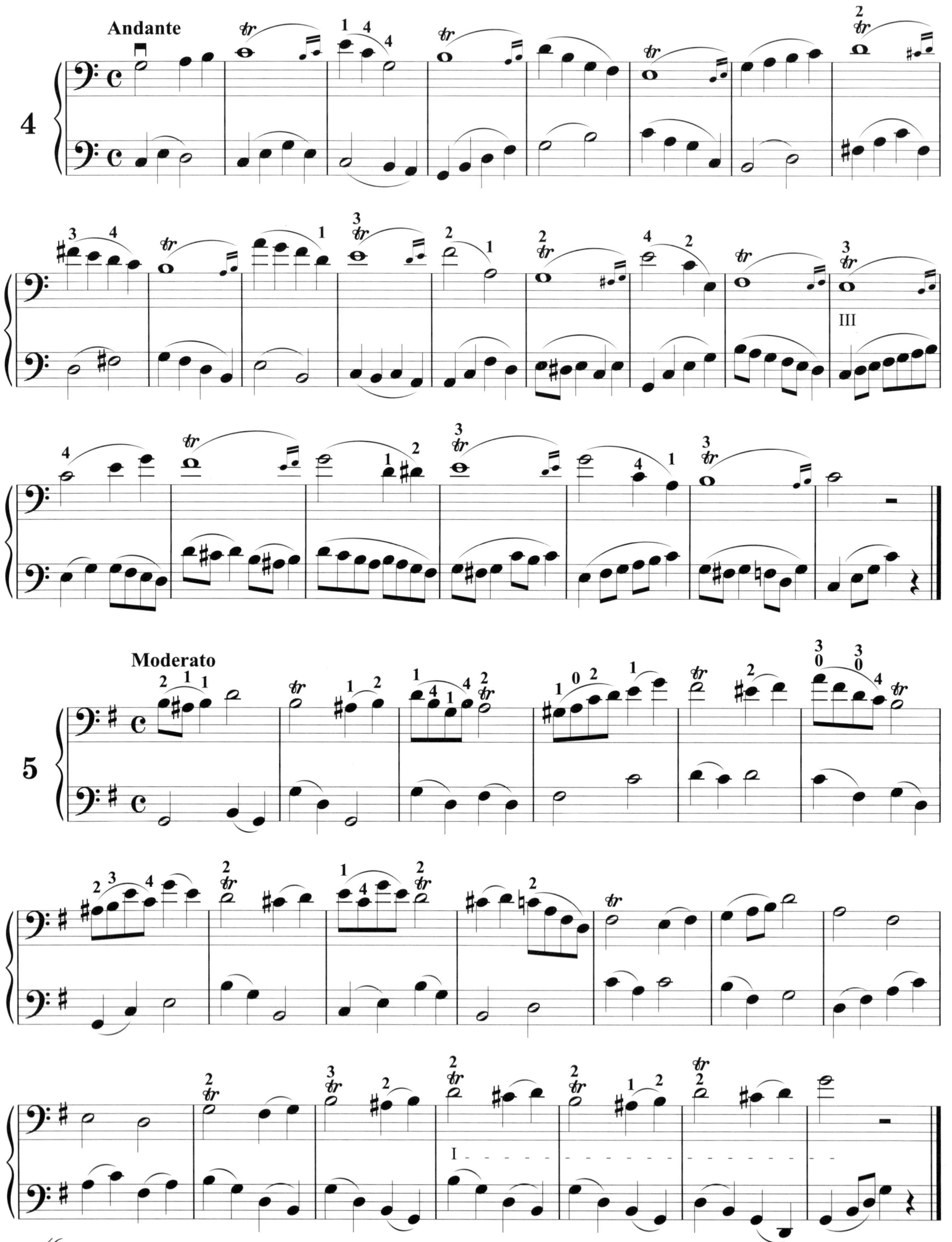

(2) 짧은 앞꾸밈음(♪)

Moderato

(3) 모르덴트(∿)

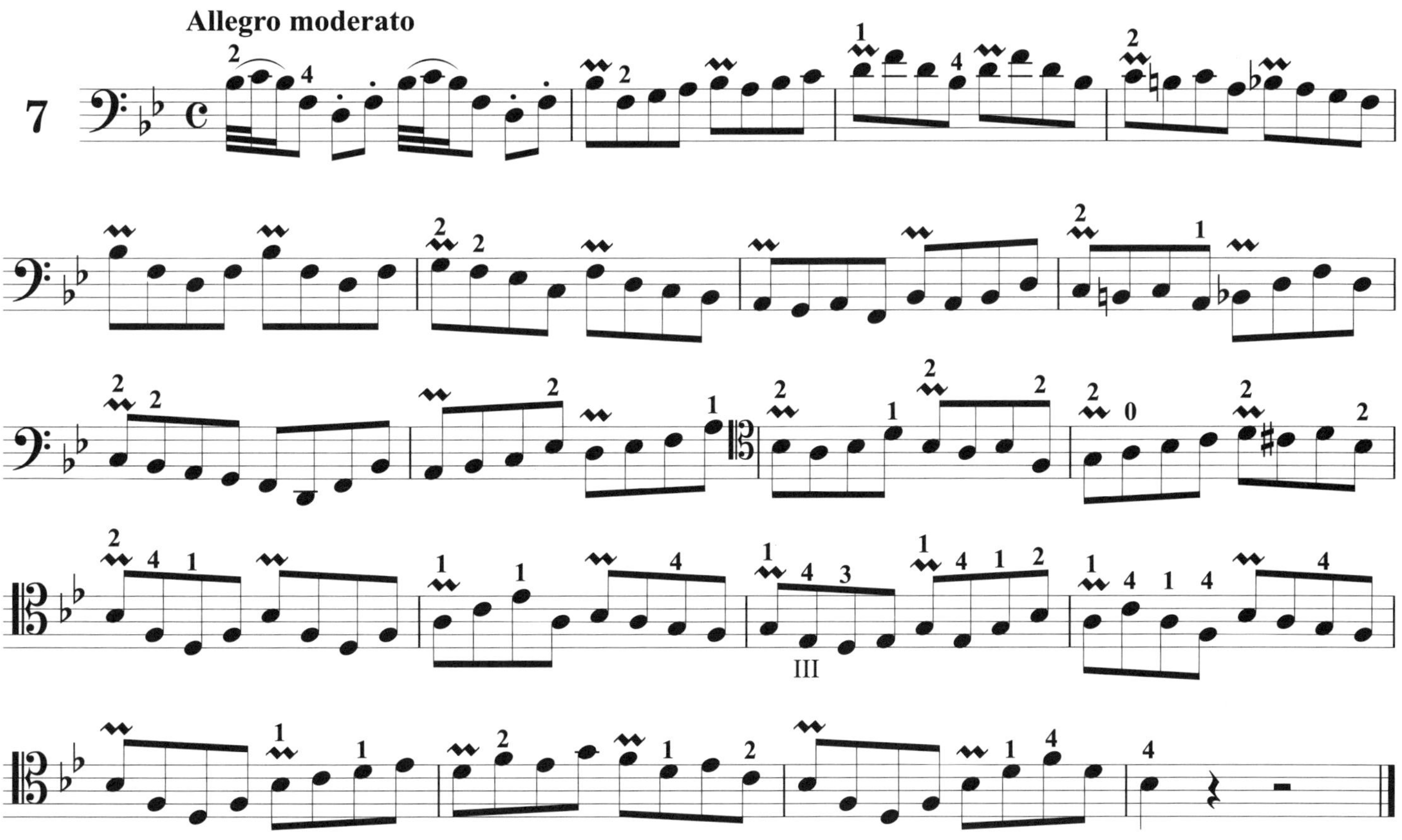
Allegro moderato

(4) 돈꾸밈음(↷)

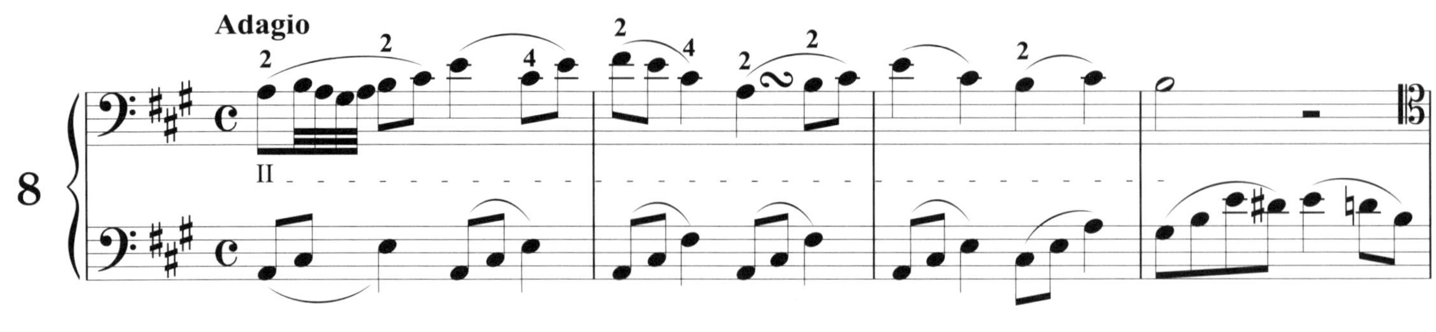

Adagio
8

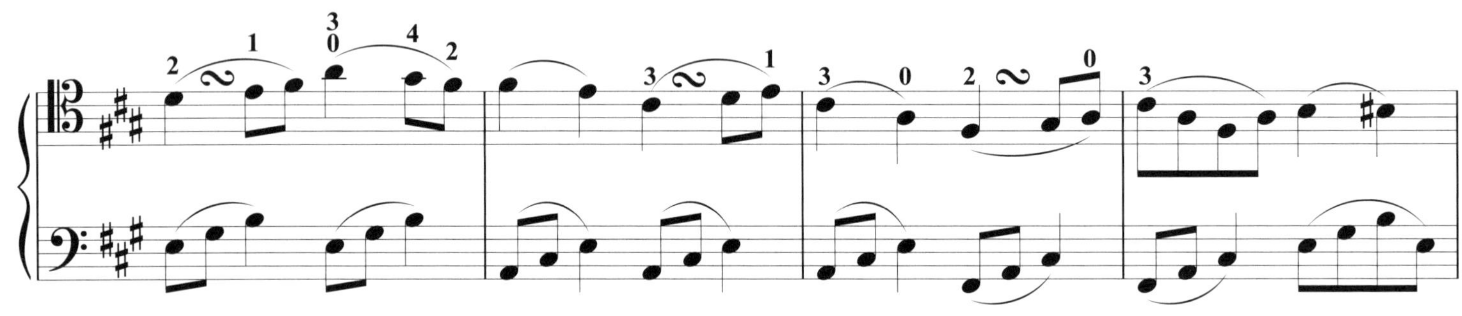

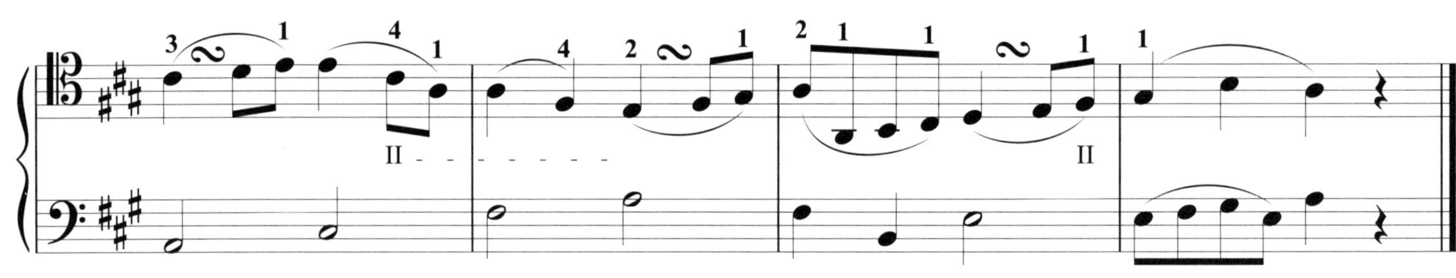

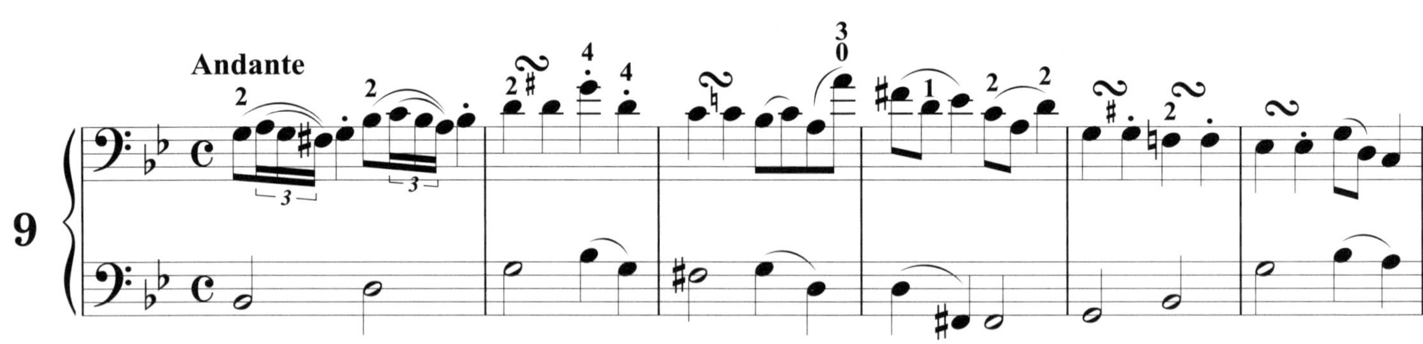

Andante
9

33. 호흡 조절

호흡의 조절은 긴장을 완화시키는데 아주 중요한 역할을 한다. 성악은 물론 모든 악기에 있어서도 호흡 조절은 필요하다. 호흡 조절이 되지 않으면 음악의 흐름에 있어 연결이 부드럽지 못하고, 또 양 어깨에 많은 힘이 가해지거나 긴장이 고조되어 표현에 많은 지장을 가져온다. 그러므로 **규칙적인 호흡 조절은** 매우 중요하다.

연주를 시작할 때 못갖춘마디나 프레이즈 등을 잘 분석하여 숨을 들이쉬면서 시작하고, 어려운 부분에서 숨을 멈추지 않도록 일정한 호흡 조절이 되도록 훈련한다.

34. 하모닉스(Harmonics)

하모닉스 또는 플래절렛(flageolet)이라고도 하며 와 같이 표기한다.

줄이 지판에 닿지 않도록 손가락으로 가볍게 누르는 주법으로, 휘파람과 같은 소리가 난다. 이때 활을 가볍게 잡고 줄을 누르지 않으면서 스치듯이 켜야 한다. 또한, 2중의 하모닉스는 특히 어렵다. 손가락을 정확하게 누르면서 활은 균일하게 압력을 가해야 한다.

일반적으로 활의 압력이 일정하지 않거나 부정확한 경우에는 표현하고자 하는 의도와는 전혀 다른 소리를 낼 경우가 있다.

34-1. 자연적인 하모닉스

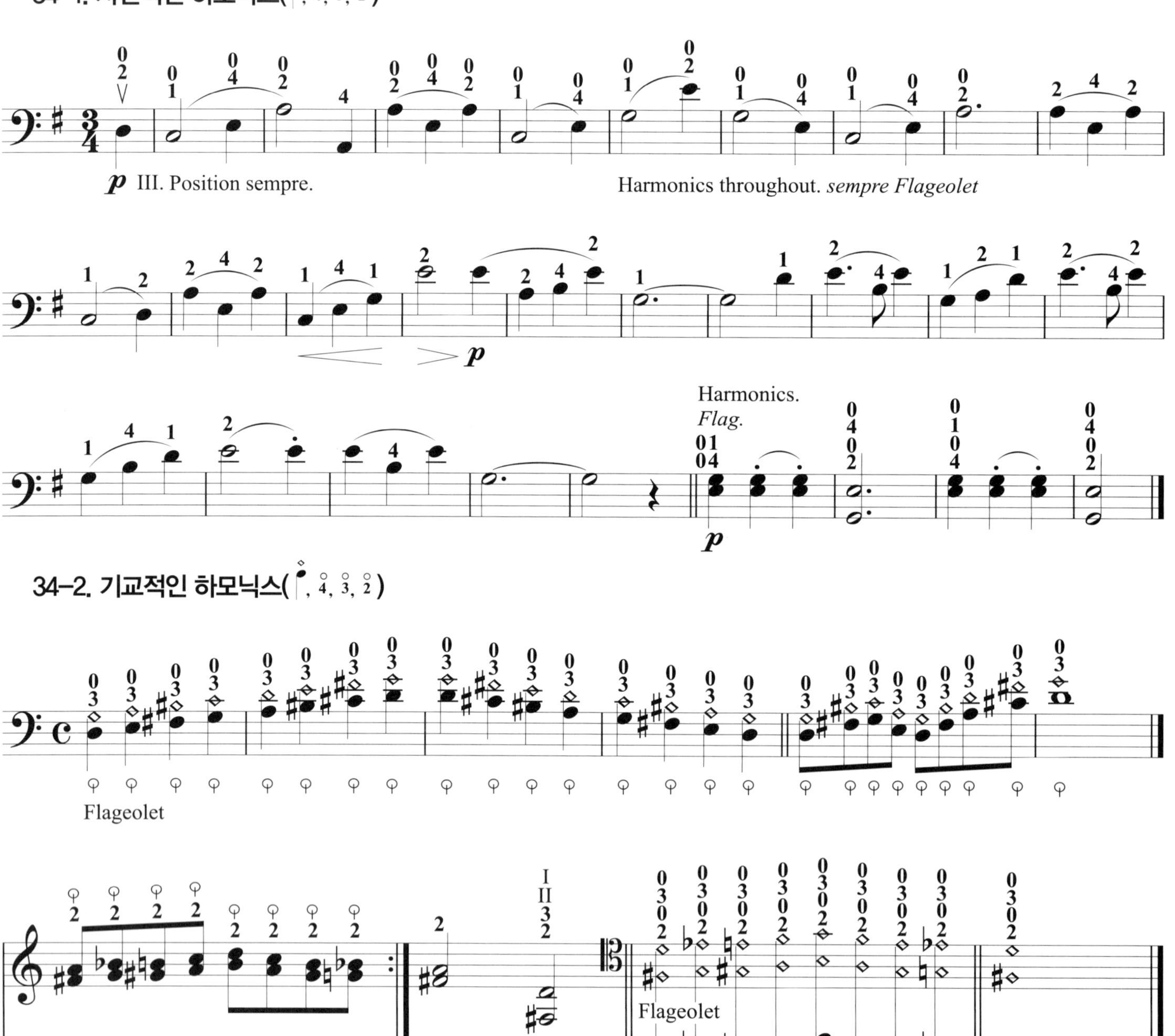

34-2. 기교적인 하모닉스

35. 제 5 위치(5th Position)

목 밑 엄지는 악기에 붙이고, 나머지 손가락은 악보에 따라 움직인다.

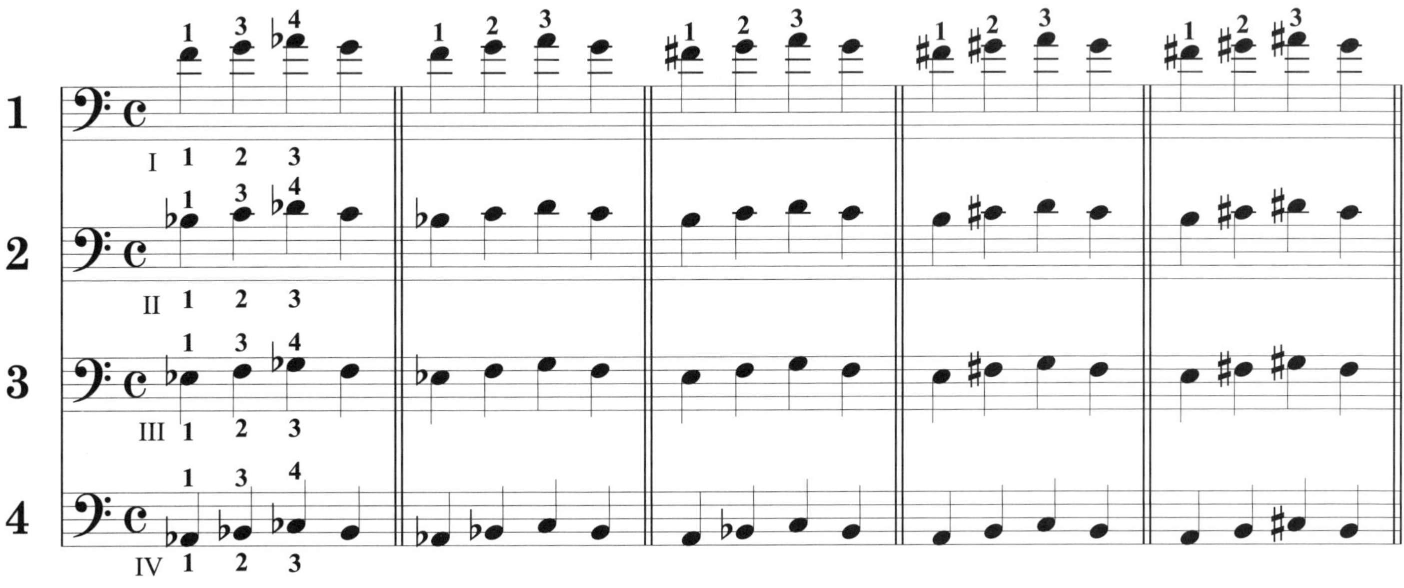

위 1, 2, 3, 4번을 다음과 같은 리듬으로 연습해 보자.

위 5, 6, 7, 8번을 다음과 같은 리듬으로 연습해 보자.

(1) 제 1~5 위치
9
10
Allegretto
11

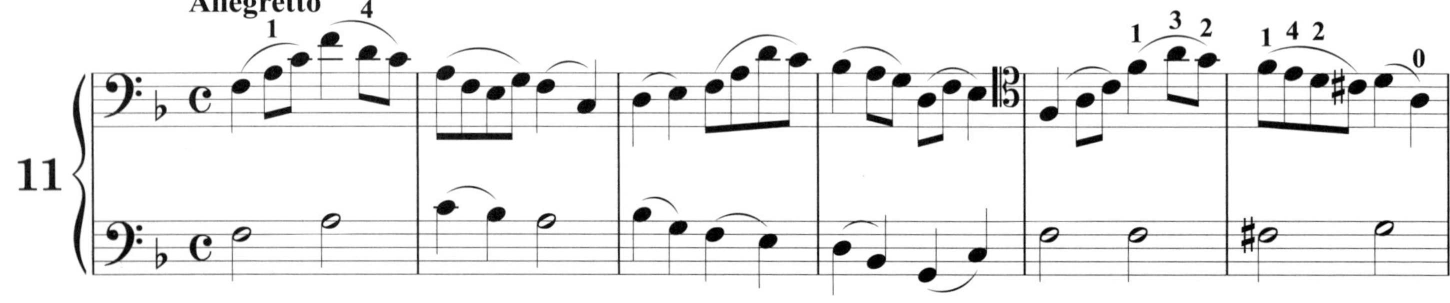

Andantino (M.M. ♩. = 52)
J. Werner
12
p V. Pos. sempre
mf
II
p
pp espress.
p
III
IV
p

36. 엄지(Thumb) 연습 · 1

엄지손가락의 **마지막 관절을 옆으로 눕혀 두 줄을 같이 누른다.** 이때 **줄과 엄지 끝은 항상 직각을 유지**하면서 **손목을 돌리지 말고** 손가락과 손목, 전환이 하나 되게 같이 움직인다.

〈그림 1〉 좋은 자세

〈그림 2〉 나쁜 자세

엄지에 적당한 힘이 가해지지 않으면 팔 전체가 악기 위에 늘어뜨려지게 되며, 또 약한 손목은 〈그림 2〉와 같이 잘못된 자세가 되므로 〈그림 1〉과 같이 **적당한 힘으로 가볍게** 눌러주어야 한다.

연습 1

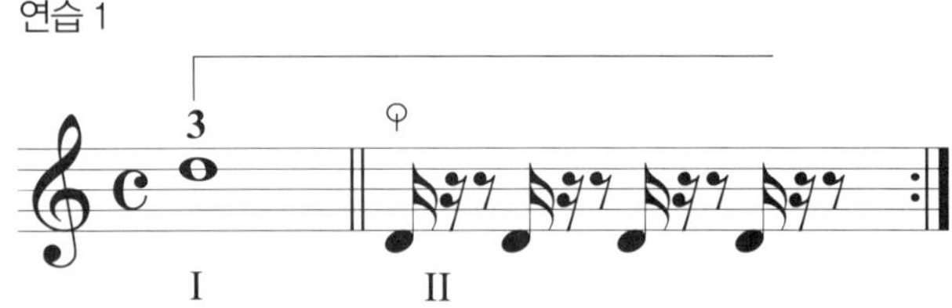

1번 줄에 3번을 짚고 있으면서 2번 줄을 엄지로 두드려 보자. 이런 단순하고 강한 두드림을 통해 엄지는 강화된다. 3번 손가락은 편안하게 두어 엄지와 같은 힘이 길러지게 한다.

연습 2

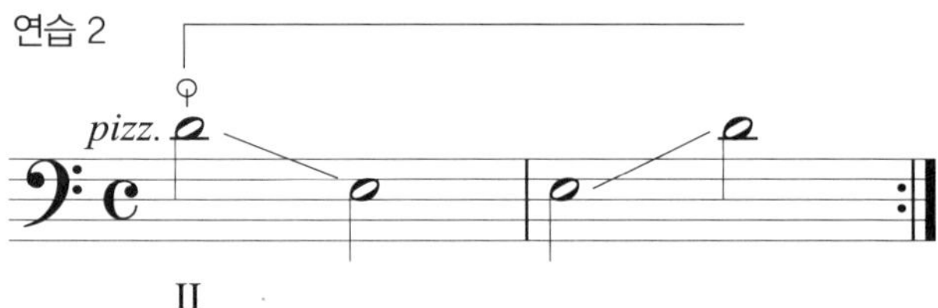

똑같은 방법으로 3, 4번 줄을 연습해 보자. 엄지로 두 줄을 누르면서 피치카토를 해 보자. 손목은 엄지와 하나되게 움직인다.

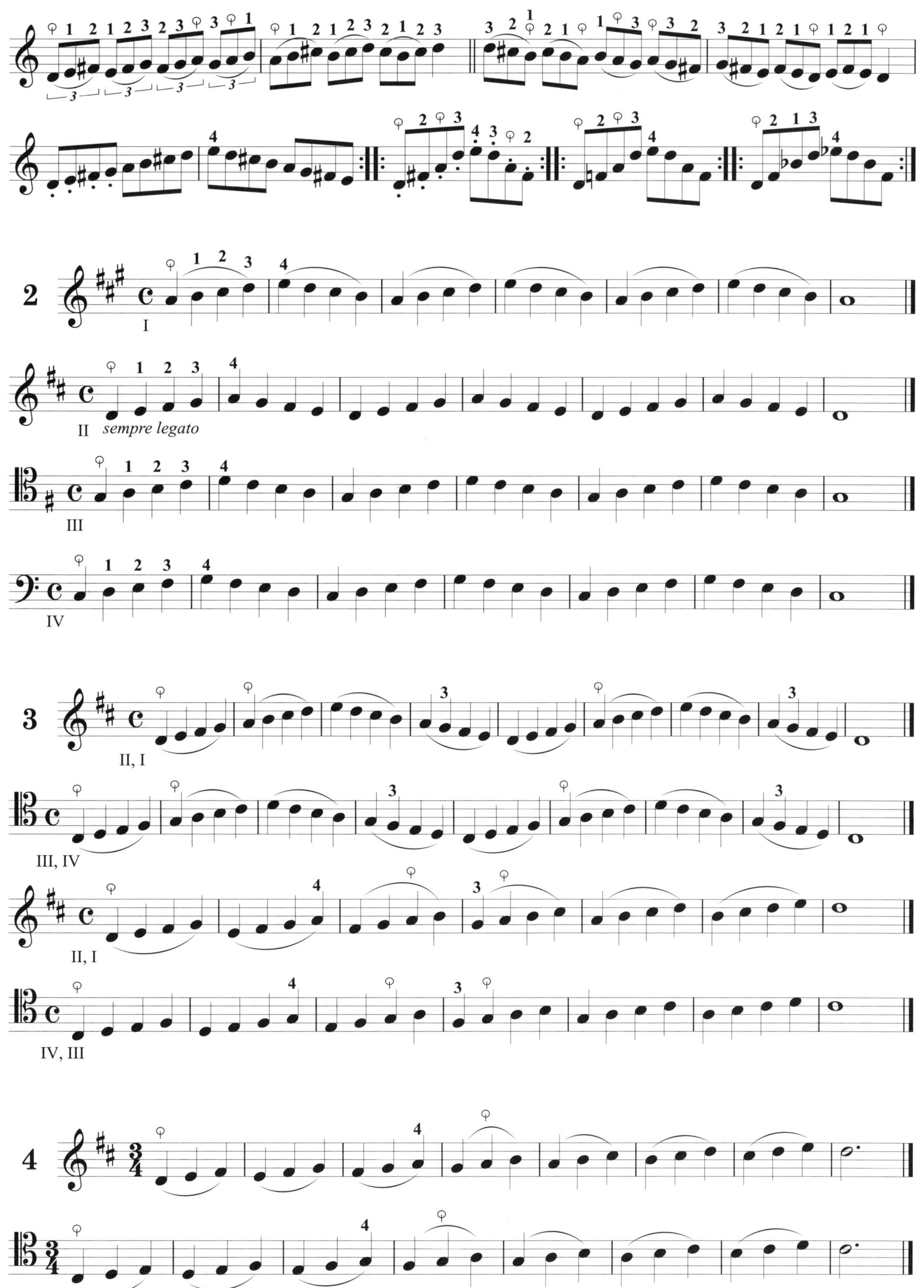

5
I
II
sempre legato
III
IV
Andante amoroso (M.M. ♩ = 60)
6
p espressivo
A
pp
calando
a tempo
B
perdendoso
7
II-III
IV
III
II
I
II
III
IV
III
II
I
I
II
III
II
I
II
III
II
III
IV
III
II
III
IV

37. 제 6 위치(6th Position)

보다 정확하게 6 위치를 연습하기 위해서는 팔꿈을 앞으로 많이 내고, 목 밑 엄지는 펼쳐 악기에서 떼지 않도록 해야 한다.

위 1, 2, 3, 4번을 다음과 같은 리듬으로 연습해 보자.

위 5, 6, 7, 8번을 다음과 같은 리듬으로 연습해 보자.

(1) 제 1~6 위치

9
III
IV
Allegretto (M.M. ♩.= 72)
J. Werner
10
mf VI. Pos. sempre
II
III
mf IV
III
dim.
mf
p

38. 겹음 연습 · 1

정확한 음정으로 연주하기 위해서는 주의 깊게 듣는 훈련을 해야 한다.

청음을 배우기 위한 가장 좋은 방법은 개방현으로 소리를 비교하는 것이다. 어떤 음을 개방현과 비교할 때 다음 사항을 염두해 두어야 한다.

ⅰ. 개방현과 같은 소리가 날 때까지 손가락을 조절한다.

ⅱ. 개방현과 같은 소리를 내었을 때 자신이 했던 행동을 기억한다. 손가락을 위쪽으로 움직였나? 아니면 아래쪽인가? 손가락이 위쪽이나 아래쪽으로 얼마만큼 움직였는지 기억해야 한다. 연주를 계속 진행하기 전에 그 음이 정확한지 알아보도록 한다.

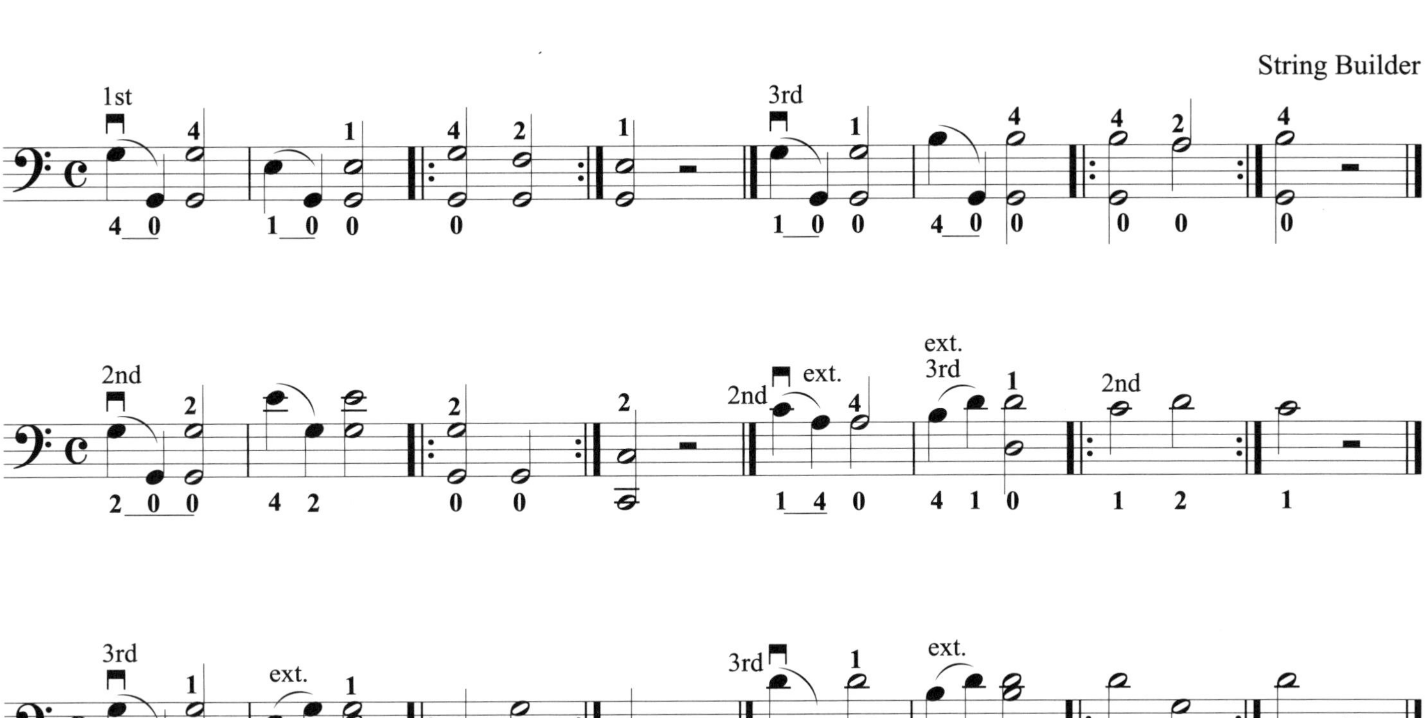

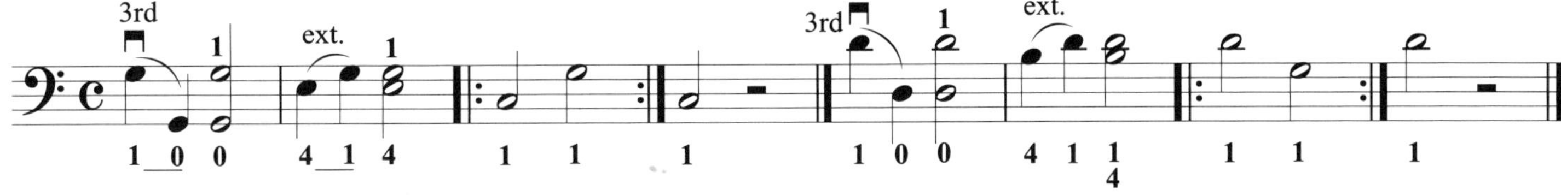

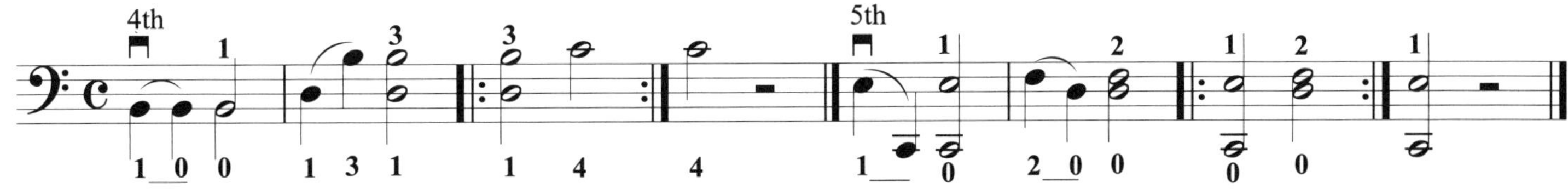

ⅲ. 이동할 때는 왼손 엄지손가락의 압력을 줄이고 손가락과 함께 움직인다.

가능한 한 많은 음을 개방현으로 테스트 한다.

(1) 겹음 1 위치

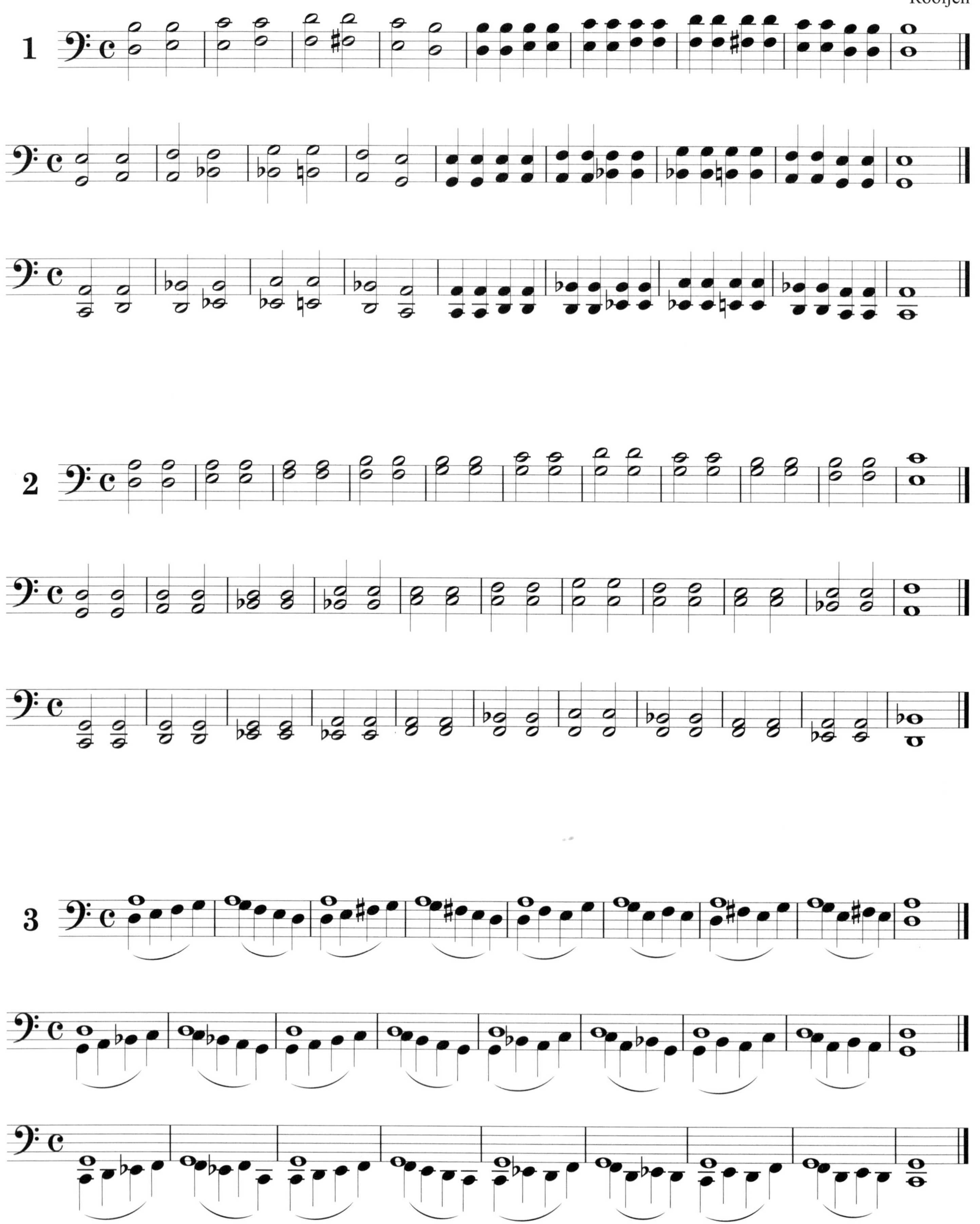

Rooijen

• 주의깊게 인내심을 가지고 손가락을 연습하자.

(2) 겹음 2 위치

(3) 겹음 3 위치

(4) 겹음 4 위치

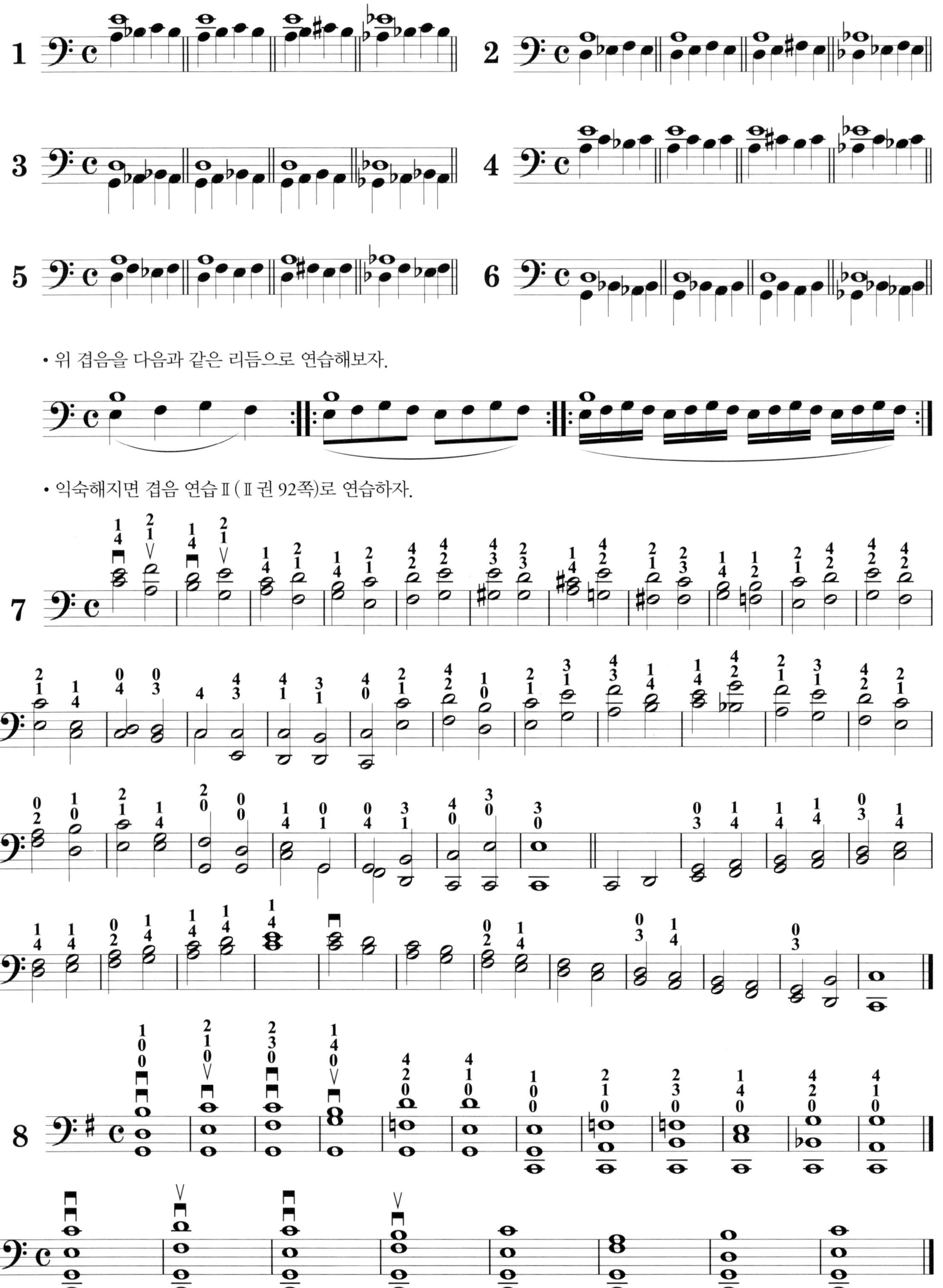

• 위 겹음을 다음과 같은 리듬으로 연습해보자.
• 익숙해지면 겹음 연습 Ⅱ(Ⅱ권 92쪽)로 연습하자.

39. 제 7 위치(7th Position)

제 6 위치와 마찬가지로 팔굽을 앞으로 많이 내고, 목 밑 엄지는 펼쳐 밖으로 조금 나오며 악기에서 떼지 않도록 해야 한다.

1 2 3 4

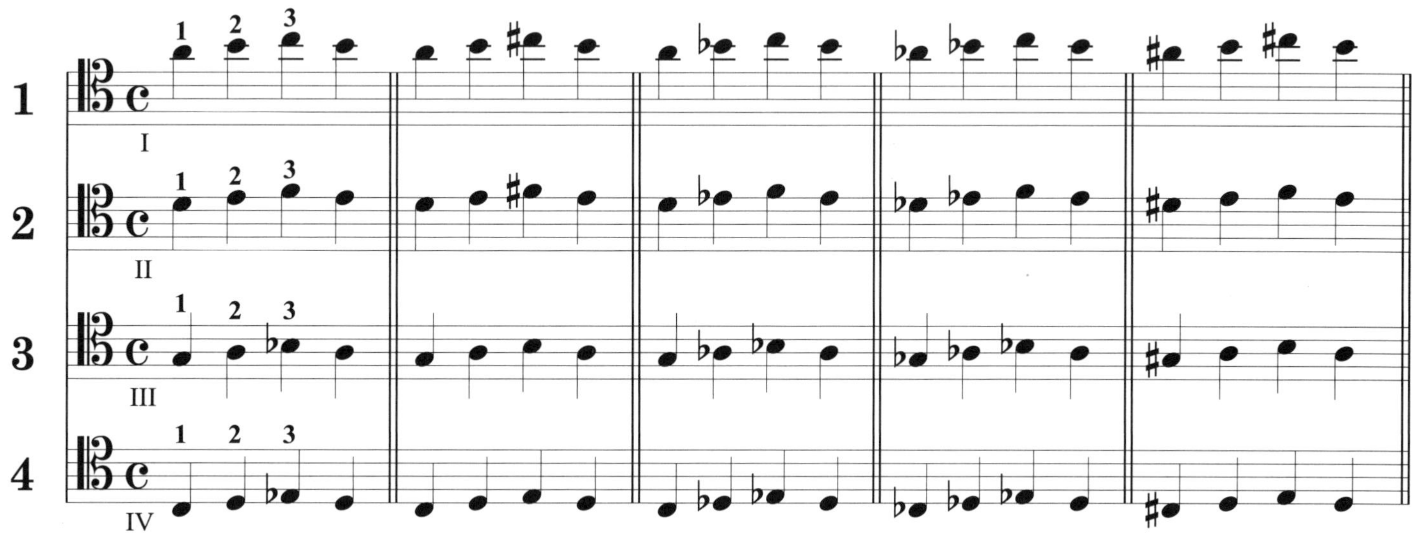

위 1, 2, 3, 4번을 다음과 같은 리듬으로 연습해 보자.

5 6 7 8

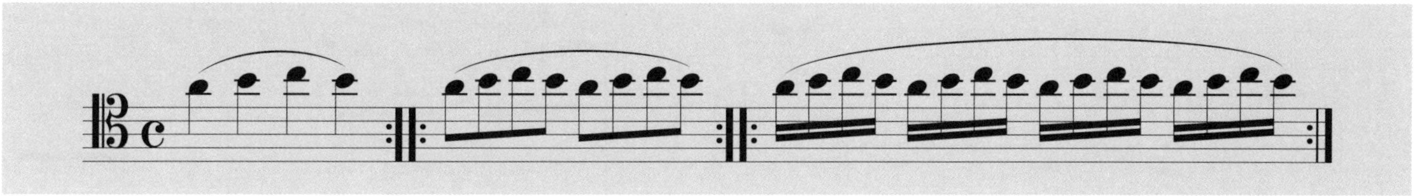

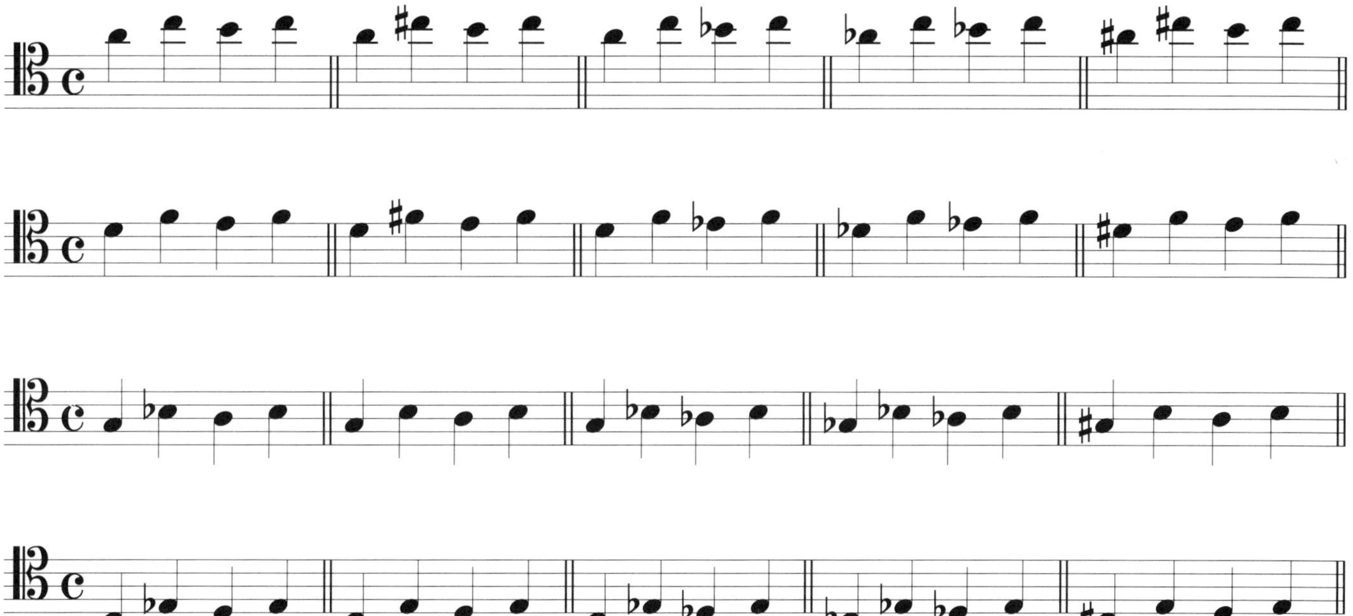

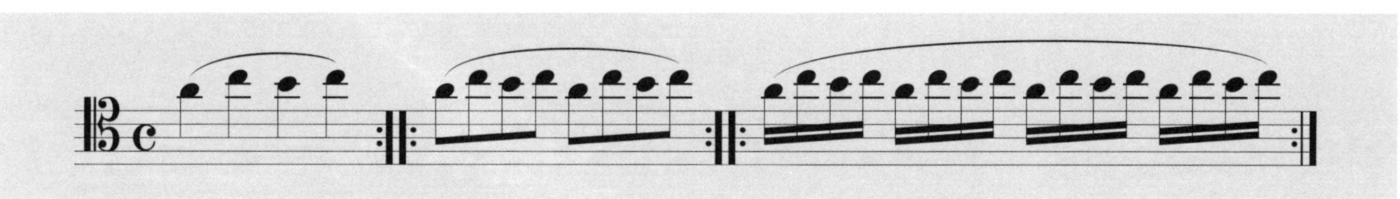

위 5, 6, 7, 8번을 다음과 같은 리듬으로 연습해 보자.

(1) 제 1~7 위치

9

Andantino

10

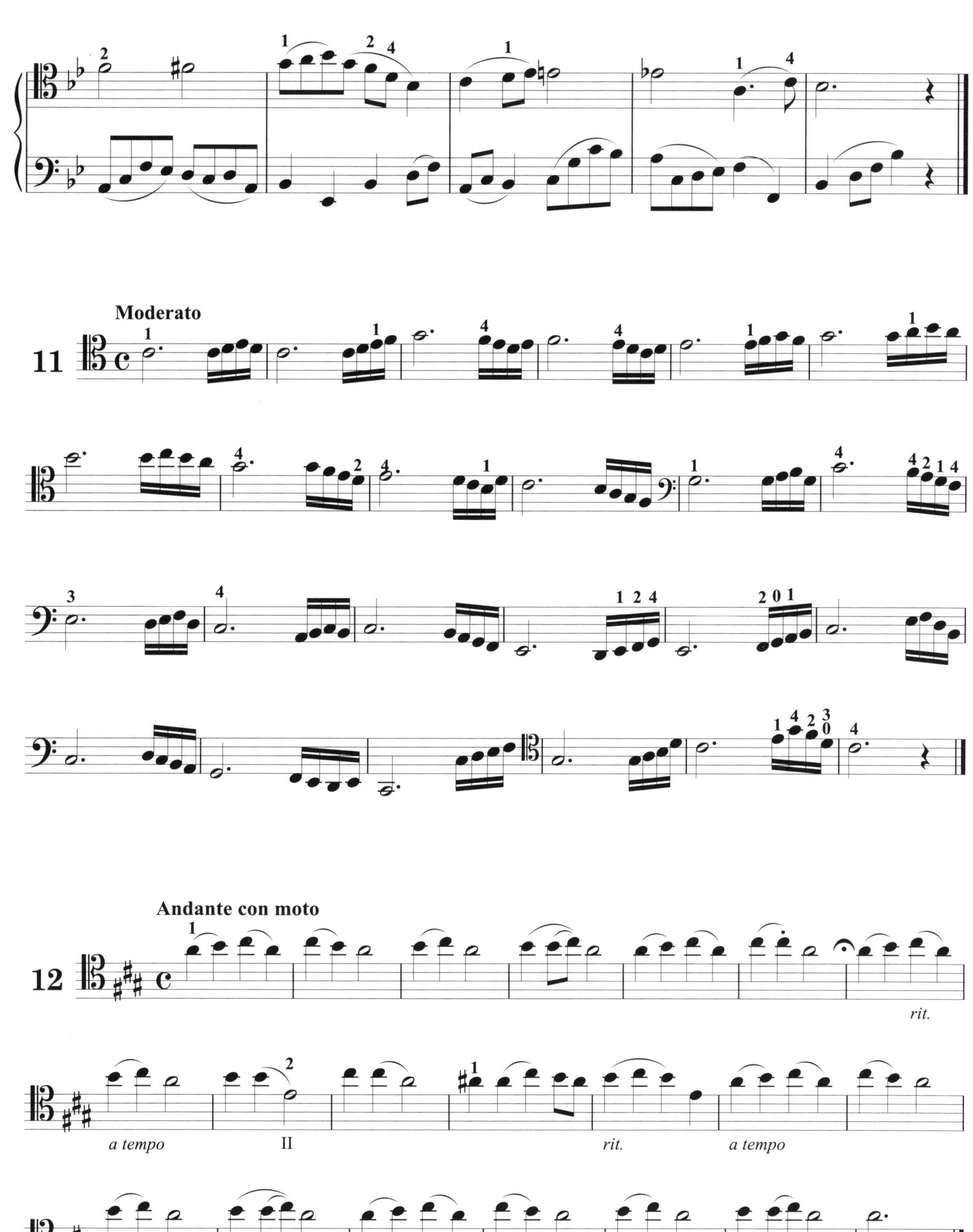

Moderato
11
Andante con moto
12
rit.
a tempo
II
rit.
a tempo

Andante (M.M. ♩ = 84)
J. Werner
13
stringendo
rit.
a tempo
A
B
C
D
E
F
G

(3) 각 포지션의 연습

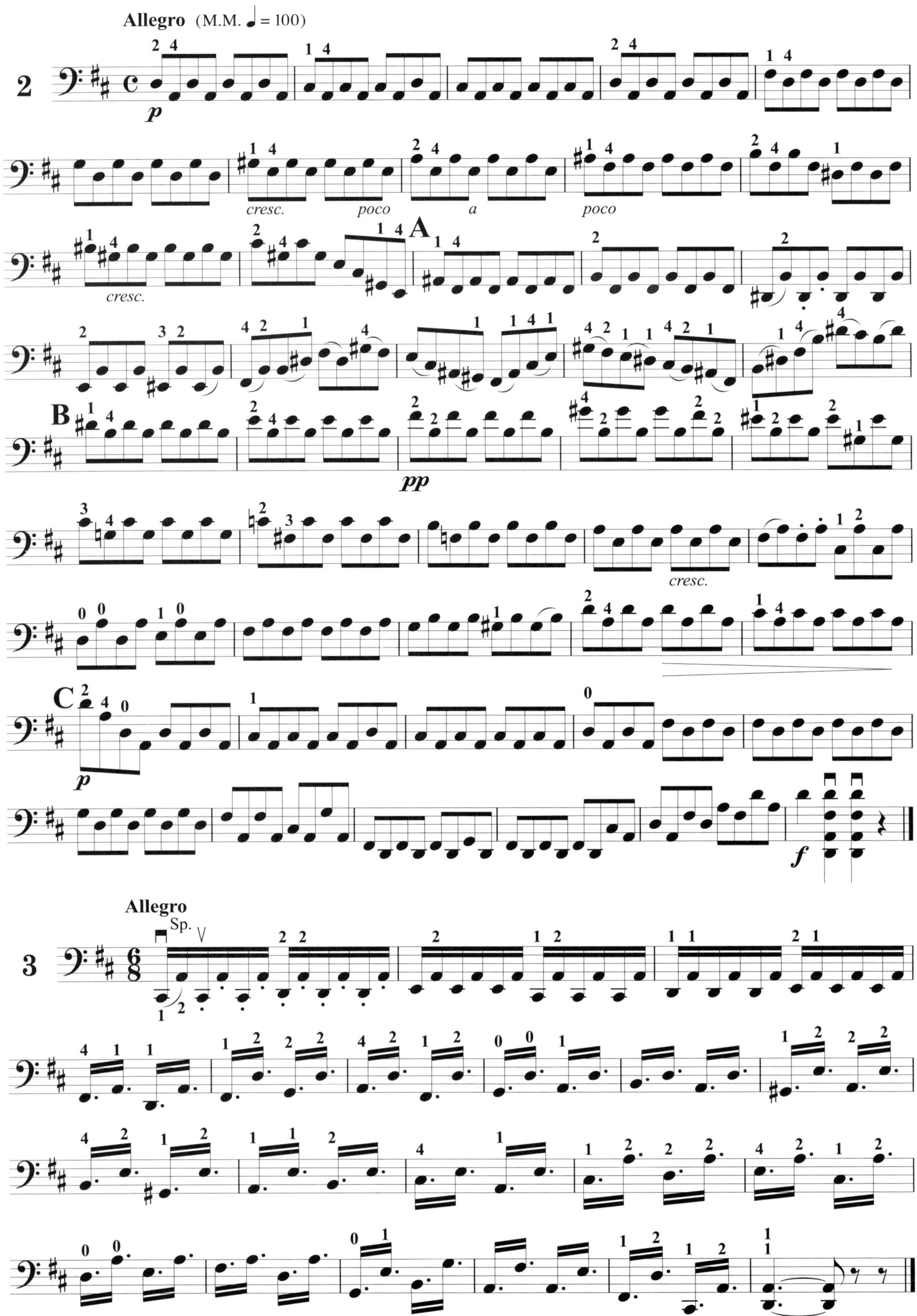

Allegro (M.M. ♩ = 100)
2
p
cresc. poco a poco
cresc.
A
B
pp
cresc.
C
p
f
Allegro
Sp.
3

40. 울림 주법

　첼로를 비롯한 현악기는 울림 악기이다. 울림 악기에 의한 울림 주법은 포지션을 이동할 때 손가락 끝에 힘을 주어 미는 듯 울려주는 것을 말한다. 가령 2지 자리에 1지가 갈 때 1지는 2지를 떼기 전에 손 끝을 밀면서(울리면서) 빨리 가게 된다. 이때 2지는 자연적으로 떼어진다. 이러한 순간적 연결 동작에 의해 "윙"소리가 아주 짧게 울리는데 이를 울림 주법이라고 한다. 음과 음 사이를 끊어지지 않게 연결시켜주는 이 울림 주법의 **음량은 더욱 풍부하다.** 울림 주법은 미끄러지듯 길게 소리나는 글리산도(Glissando)와는 다르다. 이제부터 모든 연습에 울림 주법을 적용해 보자.

40-1. 연결

　연결 동작은 손가락이나 손목의 도움없이 자로 잰 듯이 다음 음자리를 정확하게 찾아가는 것을 말하며, 멜로디가 있는 마디에서는 보다 가볍게 움직여주어야 한다. 손은 항상 연주하고 있는 일정한 무게를 유지하면서 손목은 순간적으로 움직이는 방향으로 따른다.

40-2. 같은 음의 위치 변화

　목 밑 엄지를 제외하고 16개의 운지가 있다. 이 16개의 운지는 앞으로 또는 뒤로 위치가 변화된다.

・위치 변화에 따른 손가락 번호

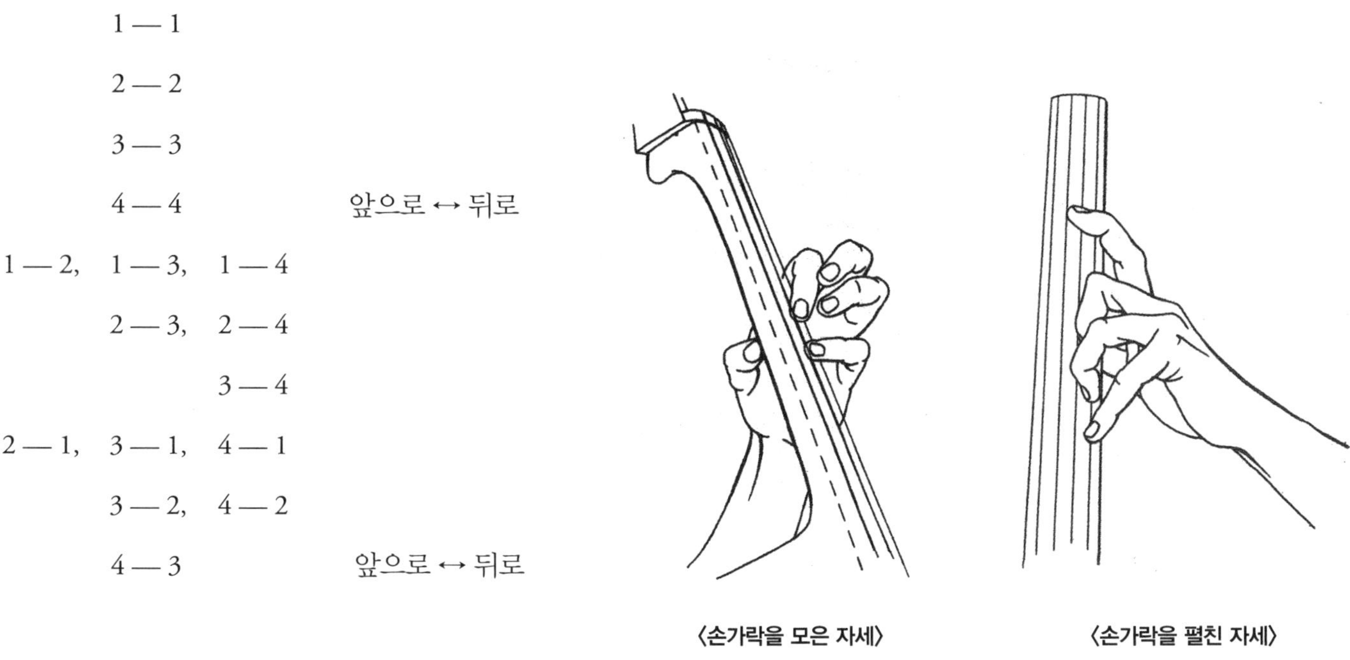

〈손가락을 모은 자세〉　　〈손가락을 펼친 자세〉

모은다(⤹), 편다(→)

　위 기호에 따른 손의 움직임은 깨끗한 음정을 내는 데 큰 영향이 있다.

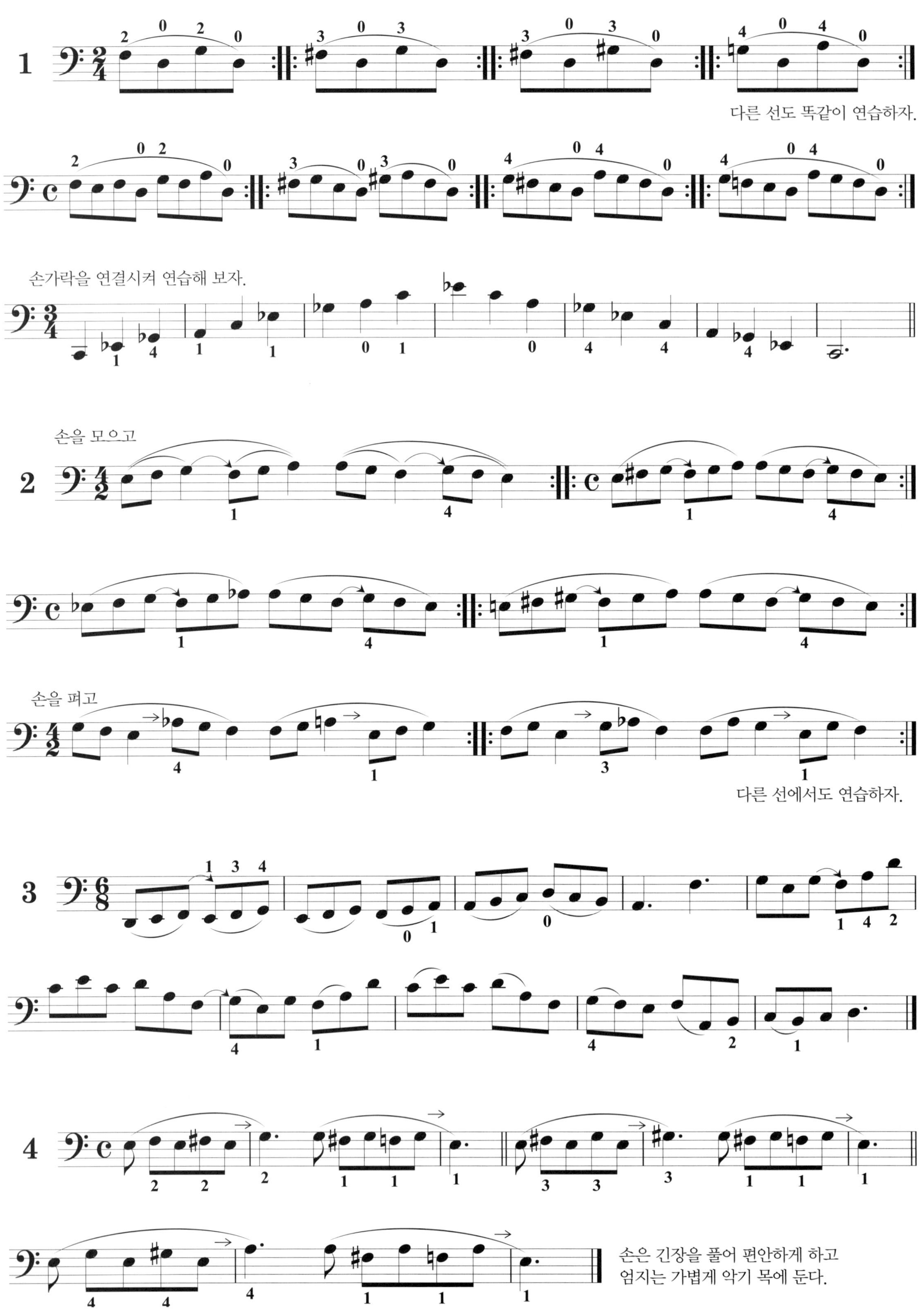

1
다른 선도 똑같이 연습하자.
손가락을 연결시켜 연습해 보자.
손을 모으고
2
손을 펴고
다른 선에서도 연습하자.
3
4
손은 긴장을 풀어 편안하게 하고
엄지는 가볍게 악기 목에 둔다.

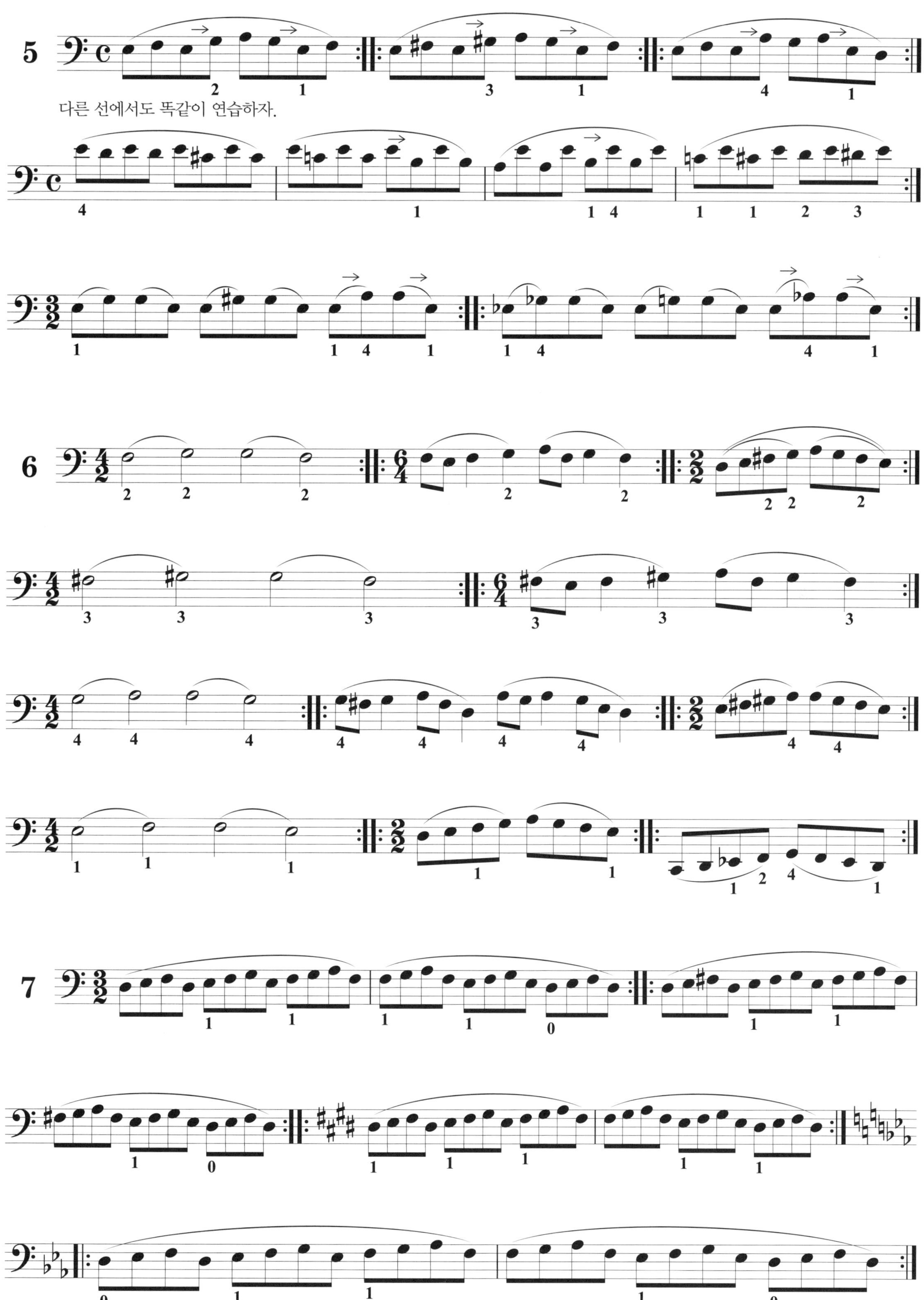

5
다른 선에서도 똑같이 연습하자.
6
7

같은 손가락으로 미끄러지듯 두 음을 연결시킨다(울리면서).

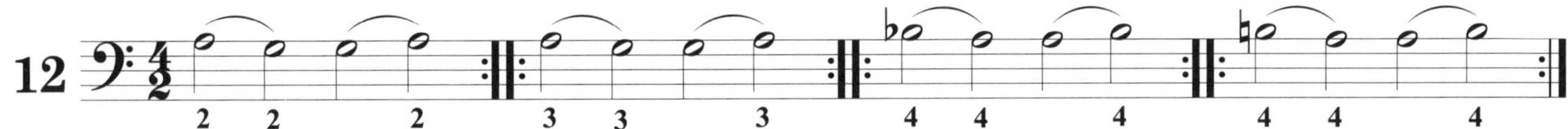

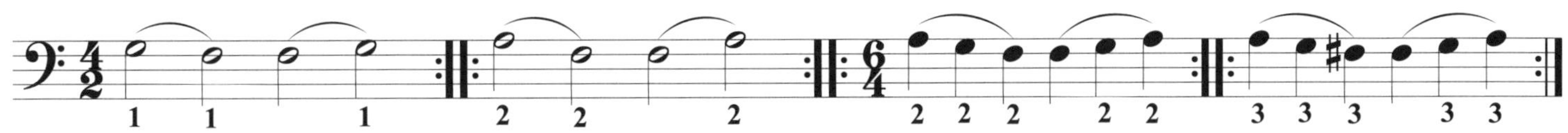

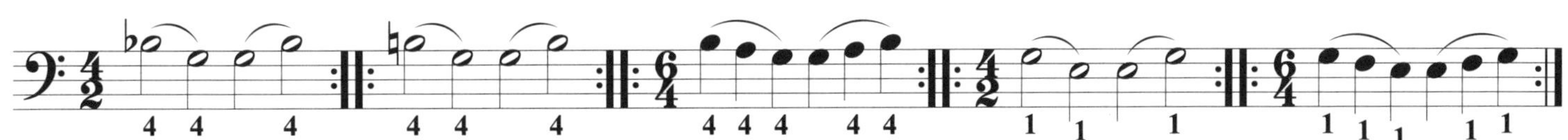

다른 손가락으로 미끄러지듯(울리면서).

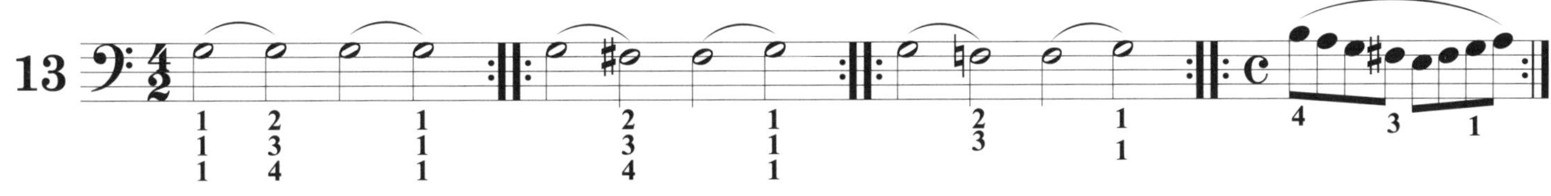

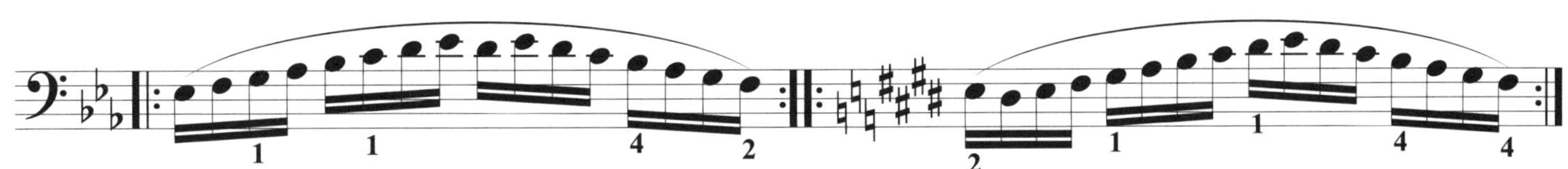

왼 팔굽은 뒤로 빼지 말고, **항상 앞쪽으로 한다. 손목을 쓰지 않고** 손가락만 미끄러지듯 움직인다.

기호　　1 ⌒ 2 : 떼면서 변경(울리면서),　× : 조금 변경(울리면서).
　　　　　　1 − 2 : 미끄러지면서 음 높이 변경(울리면서).

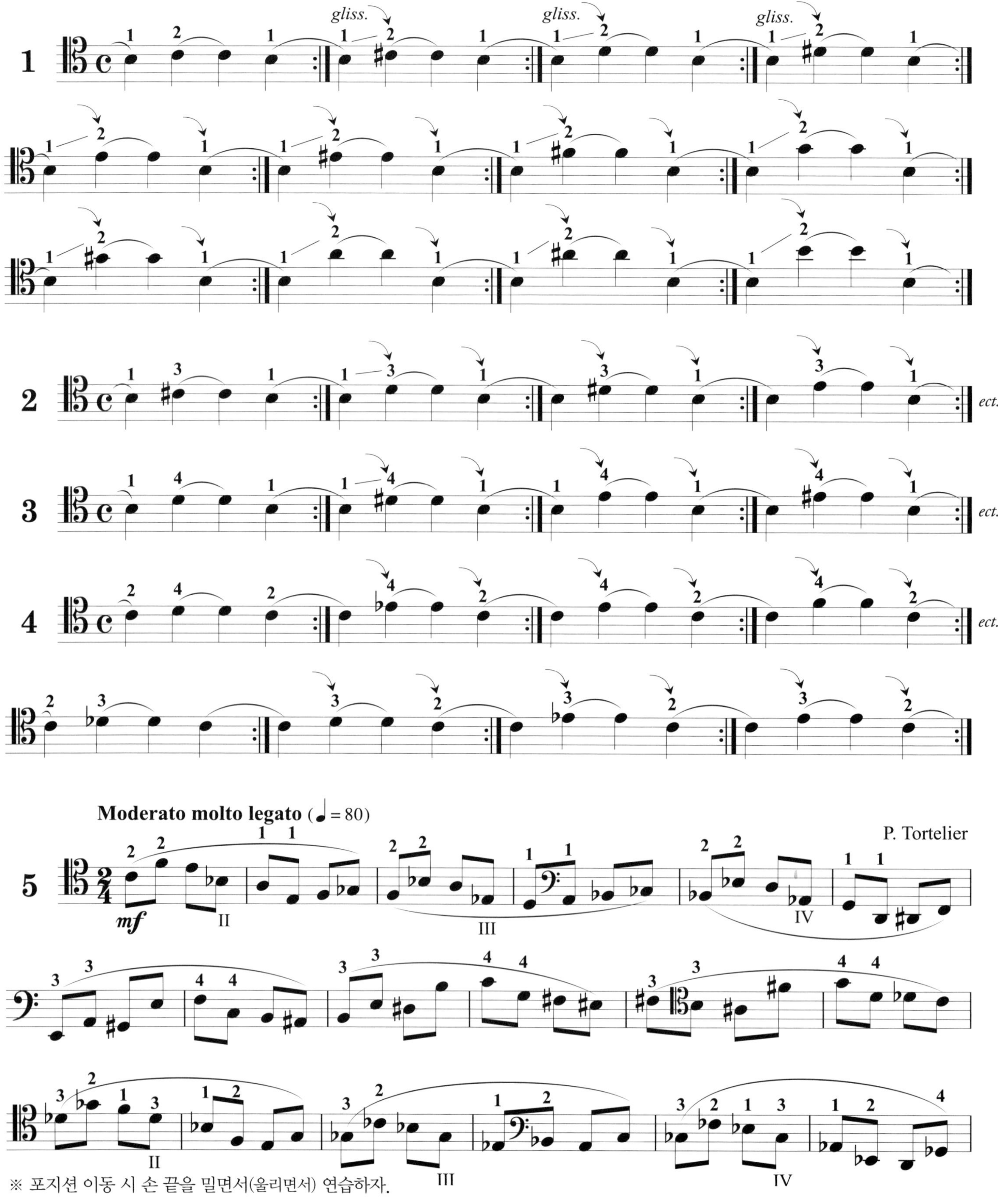

※ 포지션 이동 시 손 끝을 밀면서(울리면서) 연습하자.

II
III
IV
II
III
IV
II
III
IV
II
III
IV
II
III
IV
II
III
calando
75

41. 살탄도(Saltando)

41-1. 살탄도(Saltando, Das sautille) – 튀어 오르는 주법

살탄도는 활의 중앙에서 약간 밑 부분(이 곳이 활 무게의 중심)을 사용하여 튕기는 주법을 말한다. 활을 가볍게 유지하여 악기의 줄 위에 5cm 정도 높이에서 어깨를 부드럽게 한 후, 팔의 상·하 운동에 따라 손목과 손가락의 힘으로 줄 위를 절도 있게 두드려 보자. 이때 생기는 반동에 의해 활은 계속 운동되며 소리도 나게 된다. 보통 활의 밑활을 사용하는데, 템포가 조금 빠를 때, 부드러운 소리를 낼 때, 여린 소리를 낼 때에는 가온활을 사용하기도 한다.

〈운동 1〉

엄지와 2지에만 힘을 주어 활대를 잡고, 활끝은 1지로 공을 치듯이 두드린다. 이때 3, 4지는 가볍게 활을 받아치고 있다.

〈운동 2〉

위에서 설명대로 활을 소리 나지 않게 두드려 보자.

① 연습 후, ② 연습은 **활을 수직**으로 올려 규칙적으로 켜주면서 손목은 왼쪽에서 오른쪽으로 움직인다.

41-2. 리코시에 살탄도(Ricochet Saltando)

살탄도의 주법의 하나로 같은 방향으로 여러 음을 스쳐가듯 연속적으로 켜는 주법이다. 활은 줄에서 떼어 가볍게 눌러주고, 손목 또는 손가락의 탄력성에 의해 튀어 오른 활을 조절하며 연속적으로 켜는 것이다. 활은 한 음에 대해서 가능한 적게 사용해야 하며, 활의 무게·탄력 또한, 곡의 빠르기를 고려해 가벼운 팔 운동으로 한 음씩 켜나간다. 이렇듯, 1음 또는 2~3개 음의 적은 수일 경우 손목을 부드럽게 해서 켜면 된다. 그러나 음이 많을 경우 활이 줄에서 떠나 음이 나올 때까지의 시간을 가감하여 연습해야 한다.

다음 악보를 ①~⑦의 순으로 정확하게 연습하여 주법을 익히자.

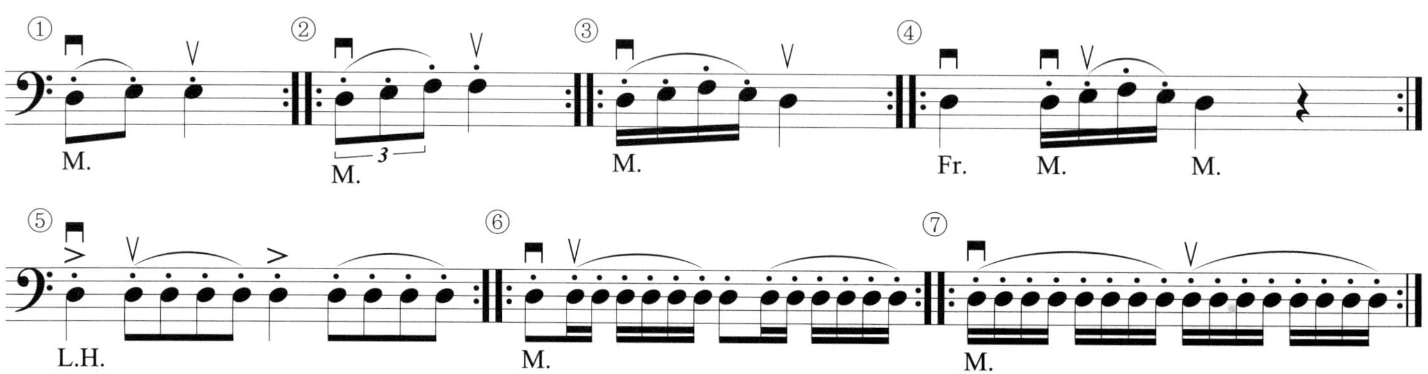

42. 스피카토(Spiccato)

스피카토는 활의 탄력 있는 부분, 즉 중앙 부분을 사용하여 **살탄도 주법으로 빠르게 켜는 것**을 말한다. 활을 부드럽게 잡고 손목 운동으로 줄 위에 내림과 동시에, 팔로 올려긋기 운동을 하여 활의 탄력으로 1 음씩 켜가는 것이다. 따라서 활이 줄 위에서 튀게 된다. 활의 사용은 가급적 적게 쓰는 것이 좋으며, 중앙 부분을 쓰는 것이 보통이다. 느린 템포 · 포르테 · 낮은 음의 경우에는 활 밑 가까운 부분을 쓰며, 빠른 템포 · 여린 음 · 높은 음, 그리고 경쾌한 곡 일수록 활 끝 가까이로 켜면서 새끼손가락의 힘을 서서히 줄여간다. 다시 말해 스피카토에서는 활의 무게나 탄력을 고려하여 활의 사용 부분, 활털의 팽창도와 각도의 조절, 브리지에서의 거리, 새끼손가락의 누르는 힘과 그 조절, 이런 모든 것이 일치되었을 때 비로소 이상적인 연주라고 할 수 있다(이것은 손목을 주로 쓰는 뤼스트 스피카토와는 다르다).

〈연습 1〉 공을 치듯 활끝으로 선을 두드린다. 손의 힘은 1지와 4지로 힘을 배열하고 손목을 움직이지 않는다.

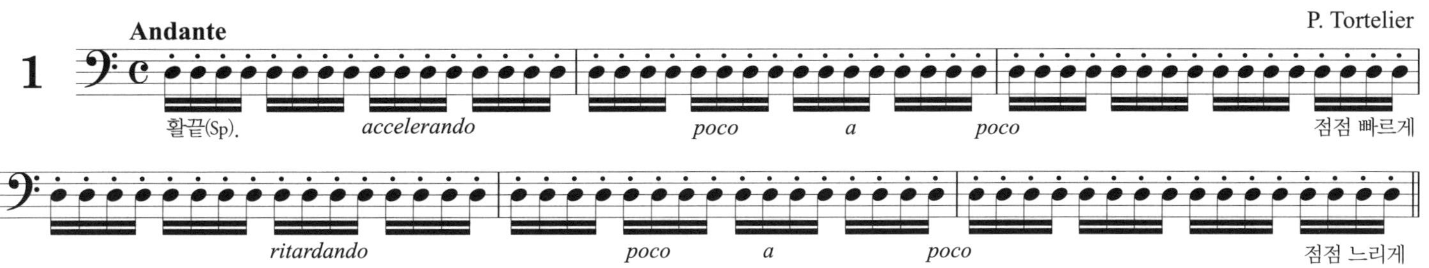

〈연습 2〉 위와 동일하게 연습한다. 활끝부터 $\frac{1}{3}$ 까지 움직인다. 그 뒤 다시 활 끝으로 가고 팔의 운동에 의해 활 중앙으로 온다.

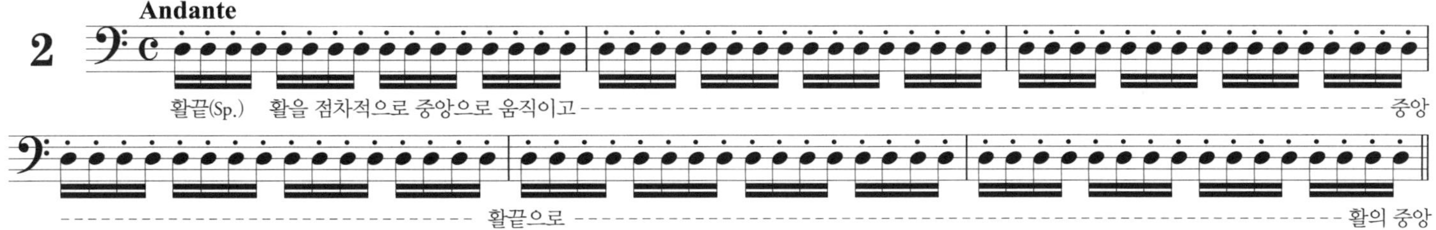

〈연습 3〉 트레몰로 하듯 손목을 가볍게 움직이면서 위의 연습을 반복해 보자. 악센트를 주면서 연습해 보자.

연습 1, 2를 응용하여 빠르기와 활의 위치 또한 바꾸어 가면서 연습해 보자.

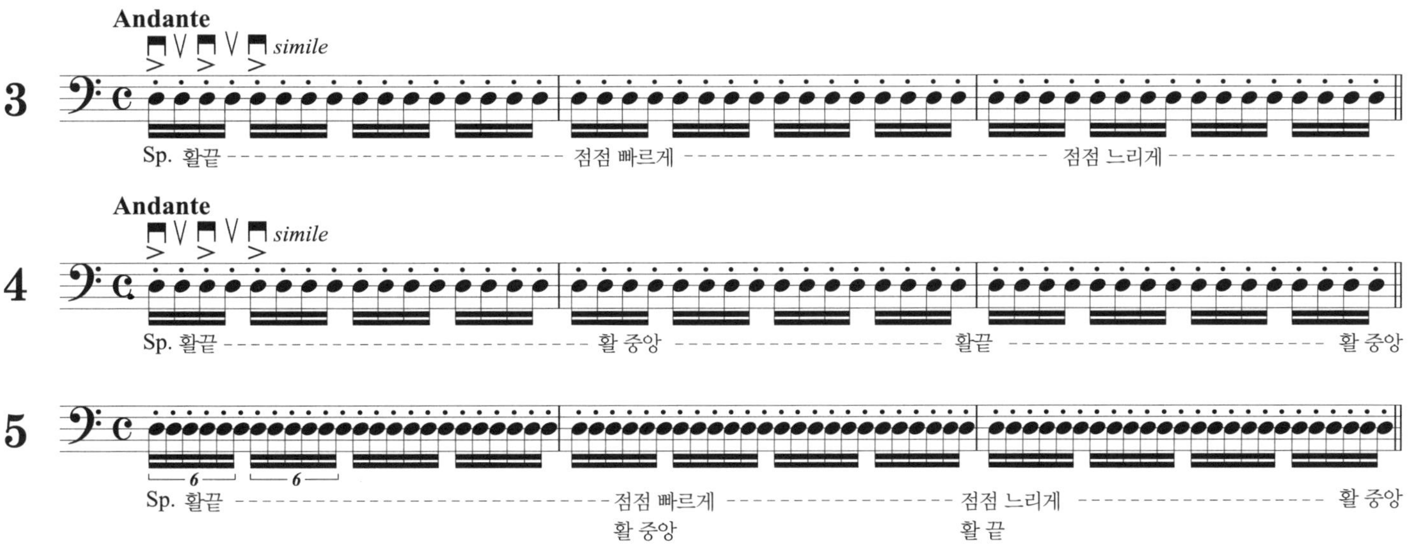

(1) 활 연습(Spiccato)

(2) 겹음 연습

〈연습 1〉

Becker

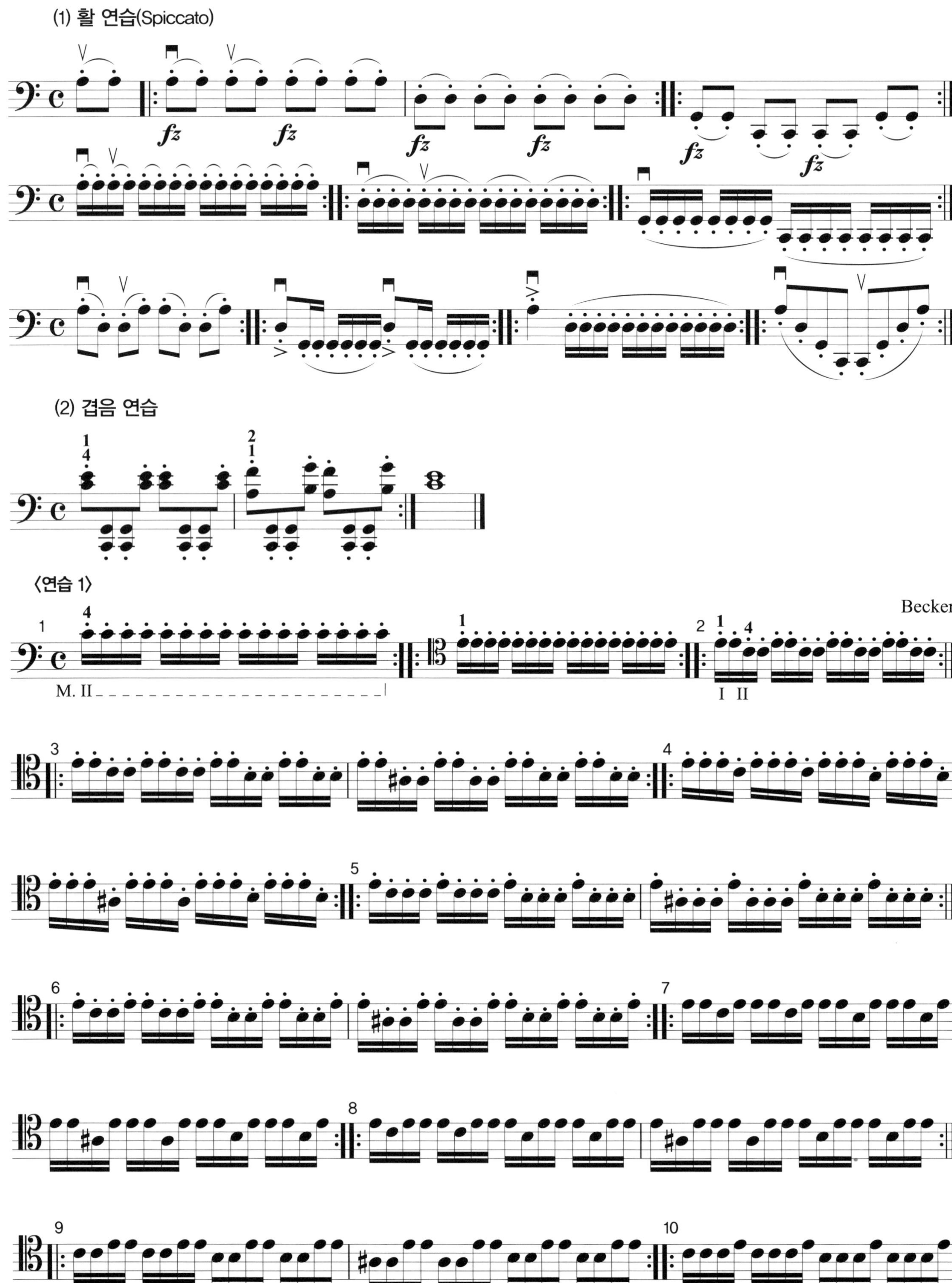

43. 여러 가지 주법

43-1. 스피카토와 살탄도의 구별

스피카토는 활의 탄력이 있는 부분을 손목의 반동을 이용해서 켜는 주법으로, 느린 템포나 센 음을 낼 때는 활밑 가까운 부분을 새끼손가락으로 살짝 받쳐 살탄도와 같이 켠다. 살탄도는 활 밑의 탄력없는 부분을 켜는데, 활은 항상 새끼손가락이나 약손가락으로 받쳐 활의 상하운동에 따라 손목과 손가락의 힘으로 천천히 가볍게 켜고, 그 반동으로 줄에서 뗀다. 스피카토와 살탄도는 엄지를 약간 펴서 가볍게 활을 잡는다.

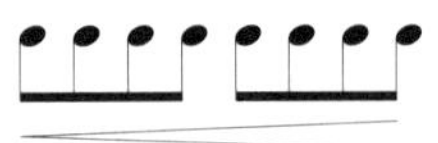

왼쪽의 악보와 같이 8분음표의 스피카토가 될 때에는 스피카토 주법에서 살탄도 주법으로 바꾸어 켜기도 한다.

43-2. 트레몰로 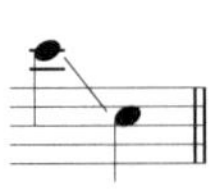

트레몰로는 일반적으로 같은 음을 빠르게 끊어서 켜는 주법으로, 이것은 스피카토로 켜거나 아니면, 활을 연속해서 리코시에 살탄도로 켠다.

43-3. 뤼스트 스피카토(Wrist Spiccato) – 손목에 의한 빠른 도약 주법

손목에 의한 빠른 스피카토 주법으로, 손목의 탄력있는 운동에 따라 손가락의 힘으로 활을 튕기는 것을 말한다. 이것은 너무 동작이 빨라 새끼손가락으로 활을 받쳐 줄 필요는 없으나, 활의 힘을 집게손가락으로 조정하는 것이 중요하다. 엄지는 자연스런 자세로 놓아둔다. 역시 활의 사용 부분이 적은 편이 좋으며, 이 주법에서도 활의 무게와 탄력을 고려해야 한다.

43-4. 레지에로(Leggiero)

스타카토와 스피카토의 중간 주법으로, 활털은 줄에서 확실히 떨어지지 않으면서 활대만이 스피카토의 경우와 같이 한 음마다 탄력적인 운동을 한다. 곡의 빠르기에 대한 활의 사용 부분은 스피카토의 경우와 같으나, 더욱 세밀한 주법이다.

43-5. 글리산도(Glissando)

어떤 음에서 다른 음으로 가는 패시지에 악센트를 붙이지 않고 운지를 미끄러뜨리듯 연주하는 주법으로, 주로 하행일 때는 넷째손가락이나 셋째손가락을 쓰나 둘째손가락을 쓸 때도 있다. 반대로 상행일 때는 둘째 또는 셋째손가락을 쓴다. 글리산도는 선율이 풍부한 악구에 힘찬 느낌을 준다.

43-6. 포르타멘토(Portamento)

포르타멘토는 예술적인 미적 감정에 의해 곡 전체에 생동감을 주어 원활하게 하는 주법으로 드물게 쓰이는 테크닉이다. 글리산도처럼 손가락에 힘을 넣지 않고(위치 이동시) 줄 위의 손가락을 가볍게 미끄러뜨려서 내는 음으로, 처음 반음 정도를 아주 느리게 하고 이어서 다음에는 빠르게 한다. 또한, 드문 예이긴 하나 뒤쪽에서 아주 약간 미끄러뜨린 음을 낼 때도 있다.

43-7. 플로타토(Flautato)

이 주법은 활을 켜는 위치를 브리지에서 먼 쪽을 사용해 지판의 가까운 부분을 켜서 부드럽고 아름다운 음을 낸다.

43-8. 폰티셀로(Ponticello)

플로타토와는 반대로 브리지에 가까운 부분을 켜서 독특한 음을 얻는 방법이다.

44. 기본 테크닉 연습

(1) 기본적인(Grundlagen) 연습 아래와 같은 리듬으로 고음 E음까지 갔다가 다시 밑으로 D♯ 음까지 반음씩 연습하자.

(2) 엄지 반음계 연습 아래와 같은 리듬으로 고음 E 음까지 갔다가 다시 밑으로 D♯ 음까지 반음씩 연습하자.

(3) 선율 연습 G 음까지 반음씩 포르타멘토로 하자.

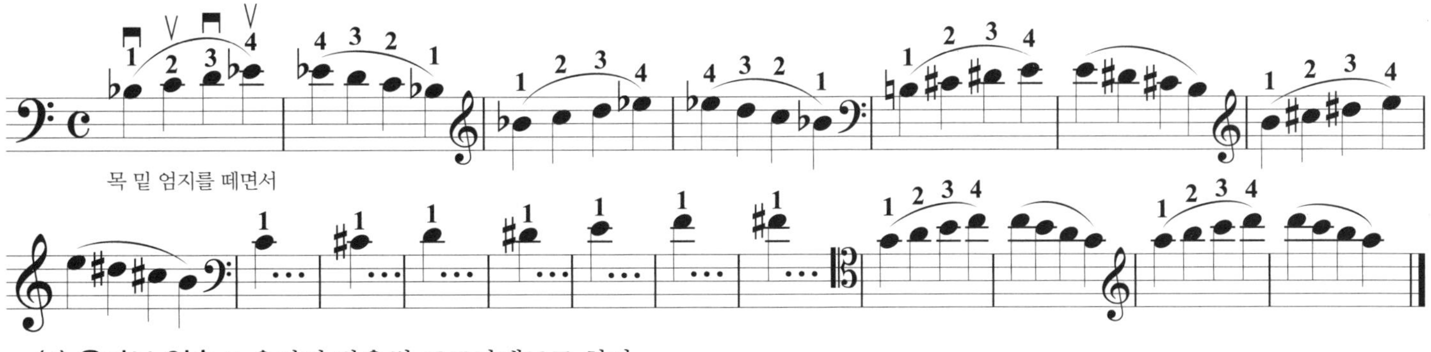

(4) 옥타브 연습 E 음까지 반음씩 포르타멘토로 하자.

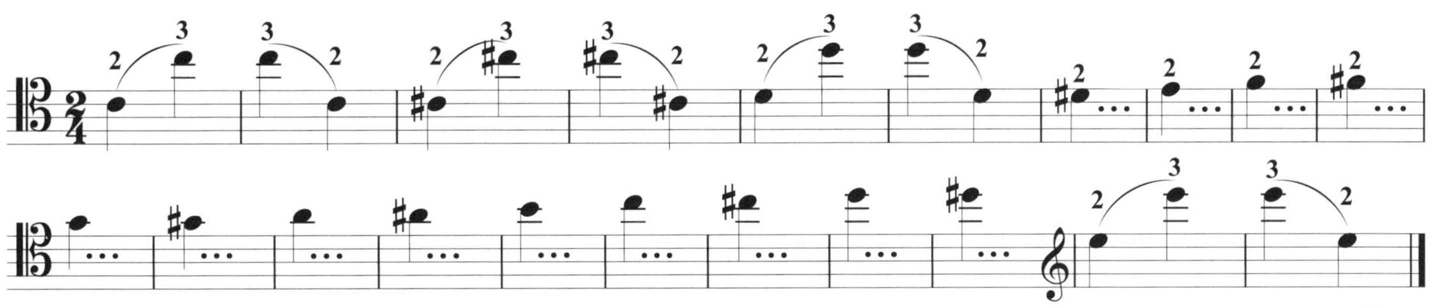

45. 왼손과 위치 연습

(1) 연습 1

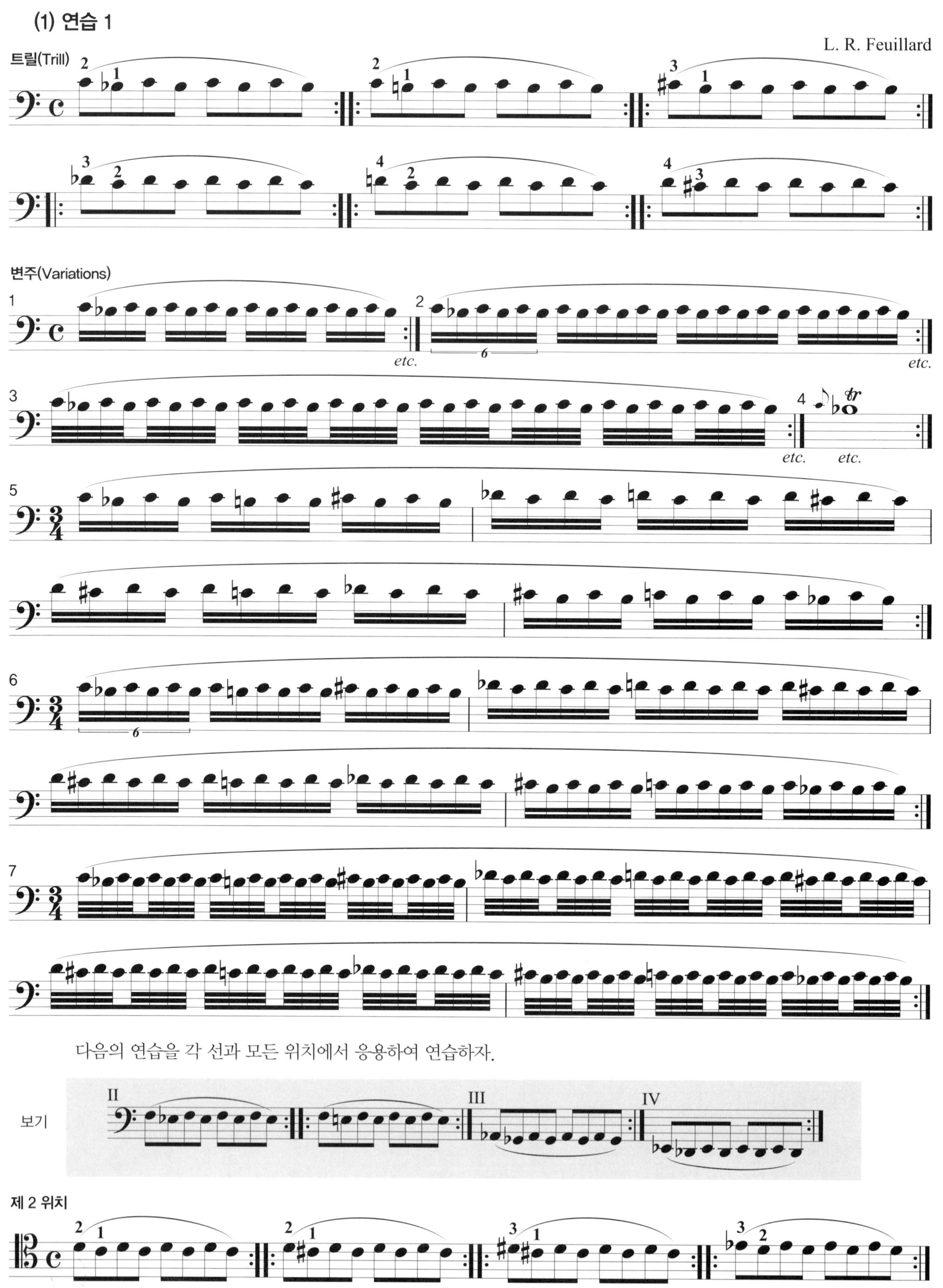

다음의 연습을 각 선과 모든 위치에서 응용하여 연습하자.

제 2 위치

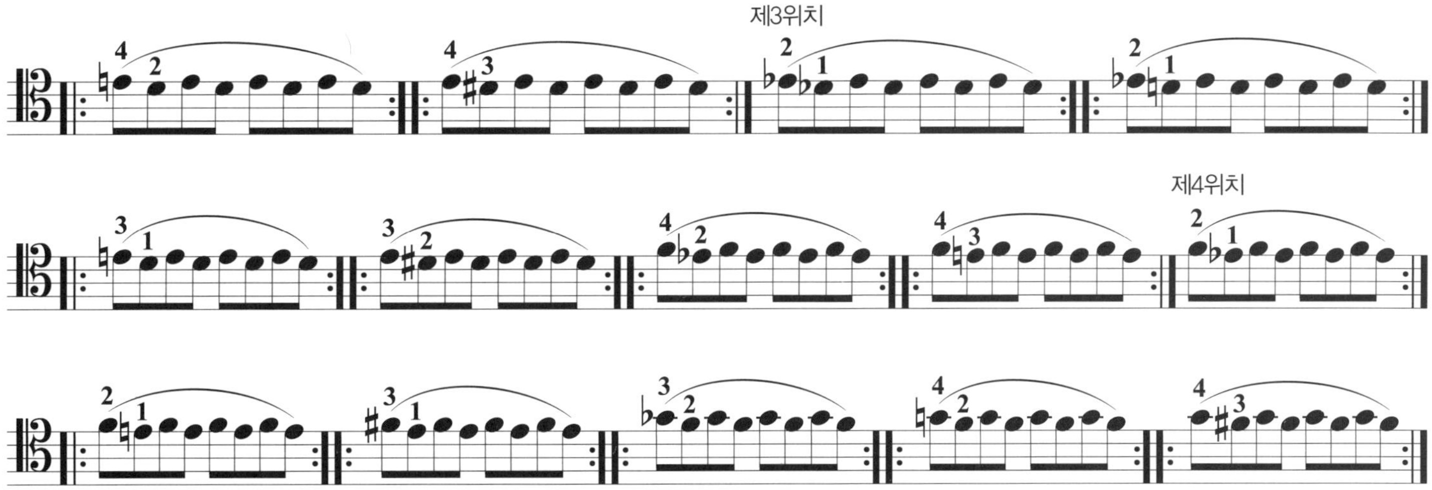

(2) 연습 2

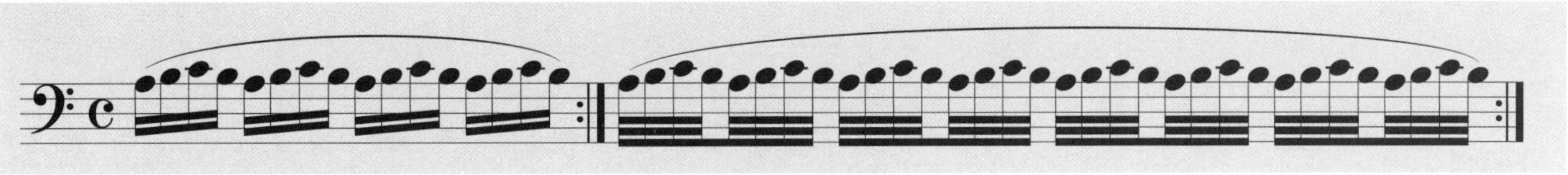

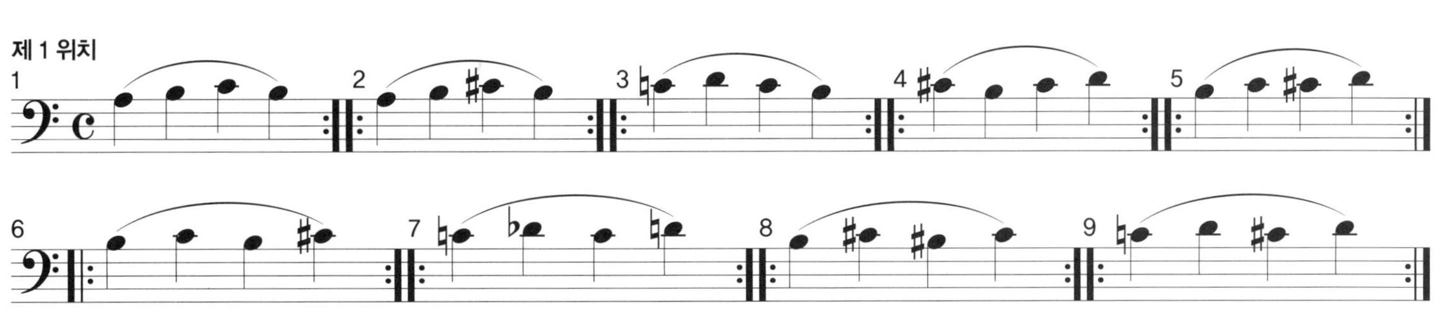

모든 현에서 연습하자.

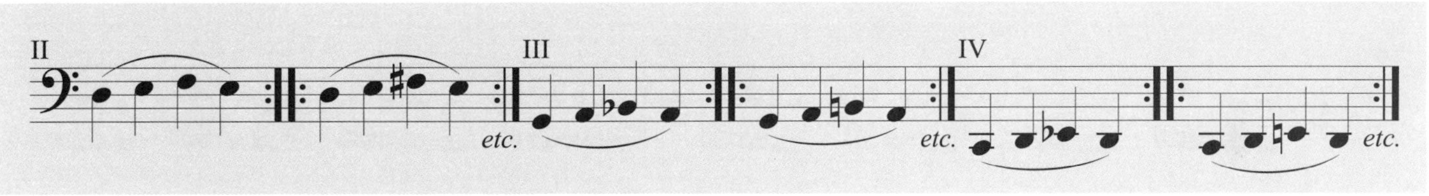

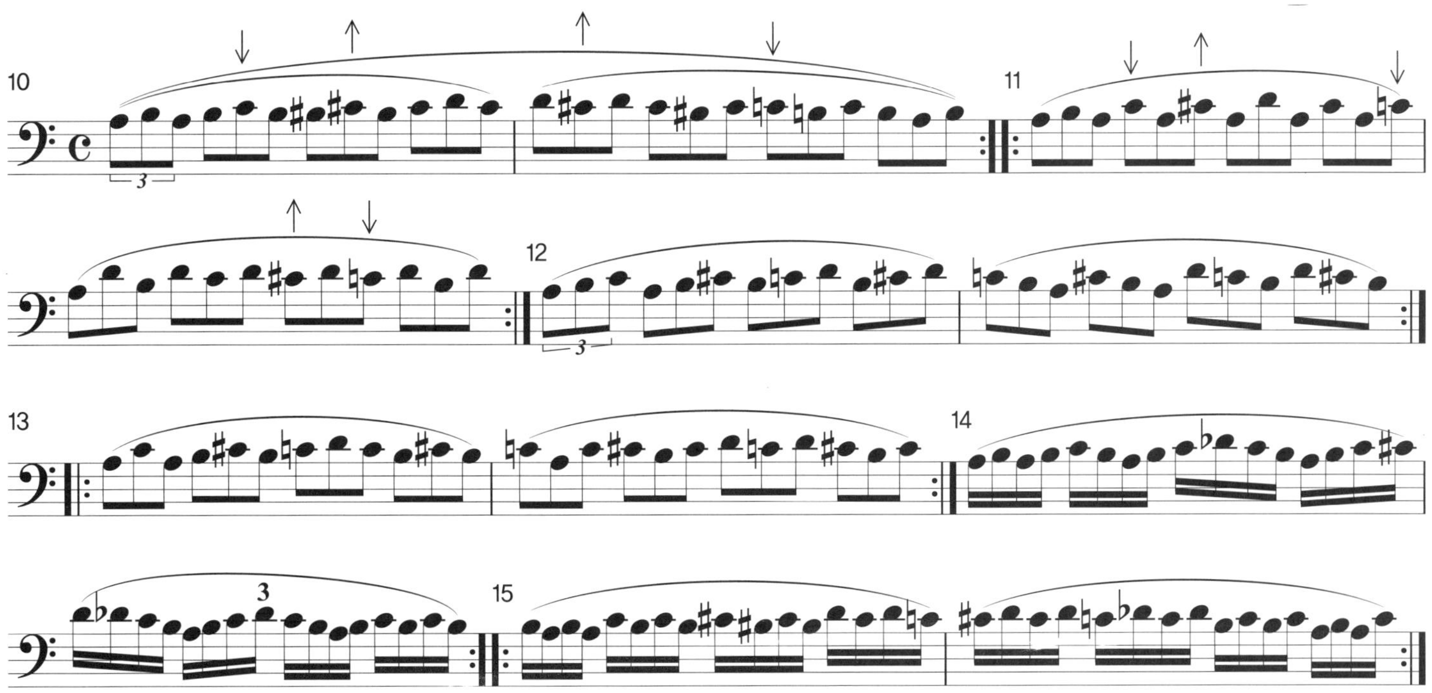

(3) 연습 3

제 1~2 위치

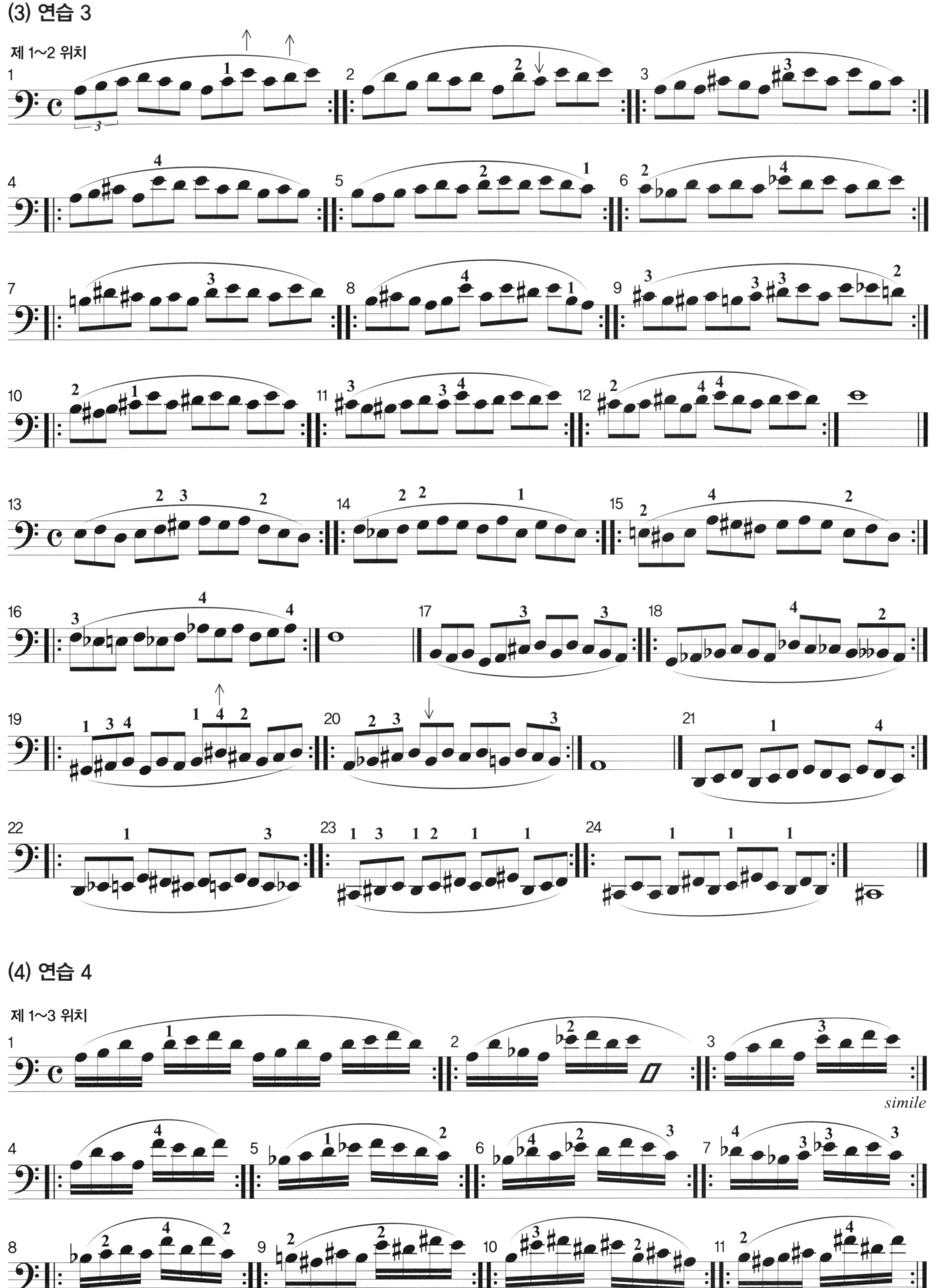

(4) 연습 4

제 1~3 위치

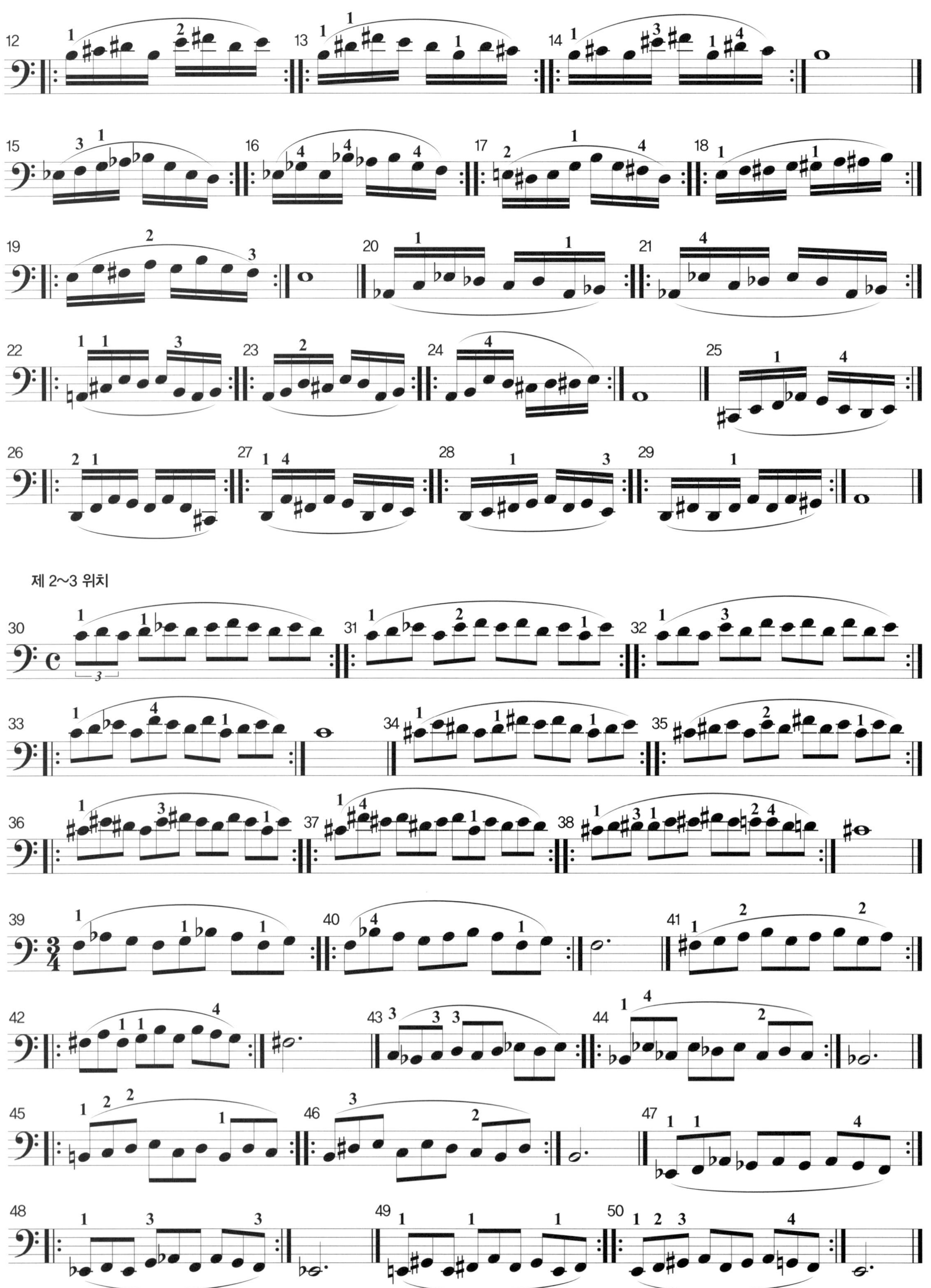
제 2~3 위치

(5) 연습 5

제 1~4 위치

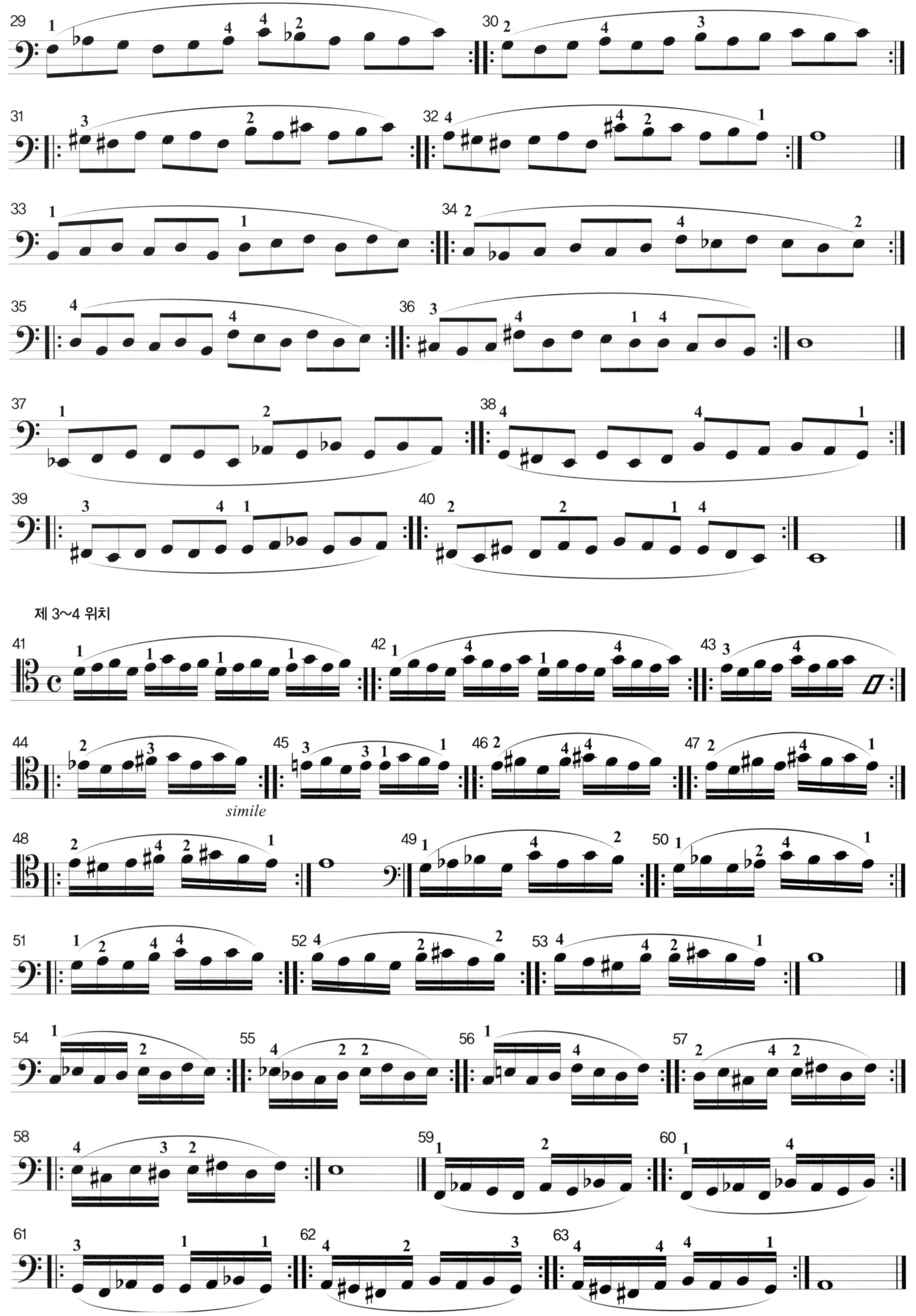
제 3∼4 위치
simile
88

(6) 연습 6

제 1~5 위치

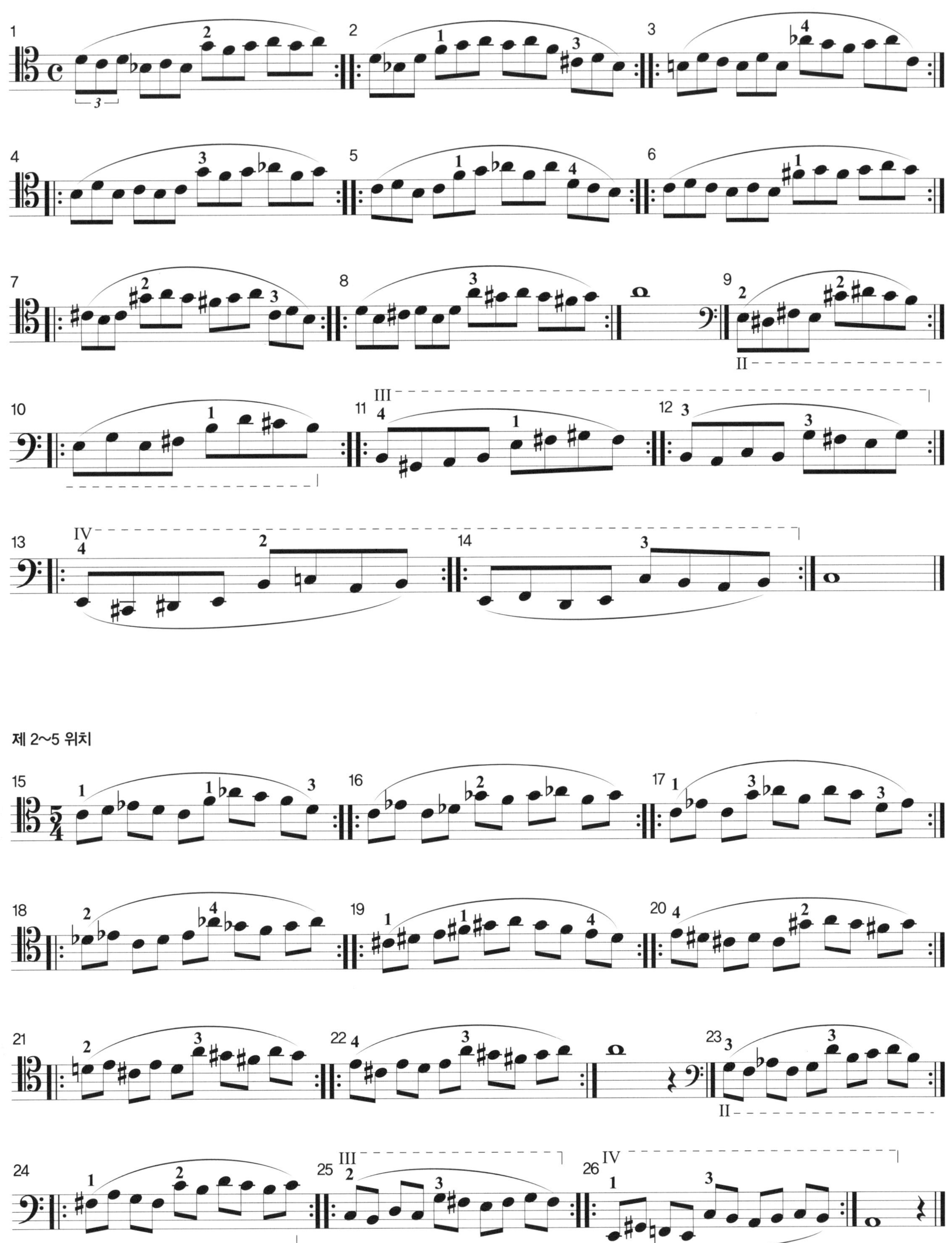

제 2~5 위치

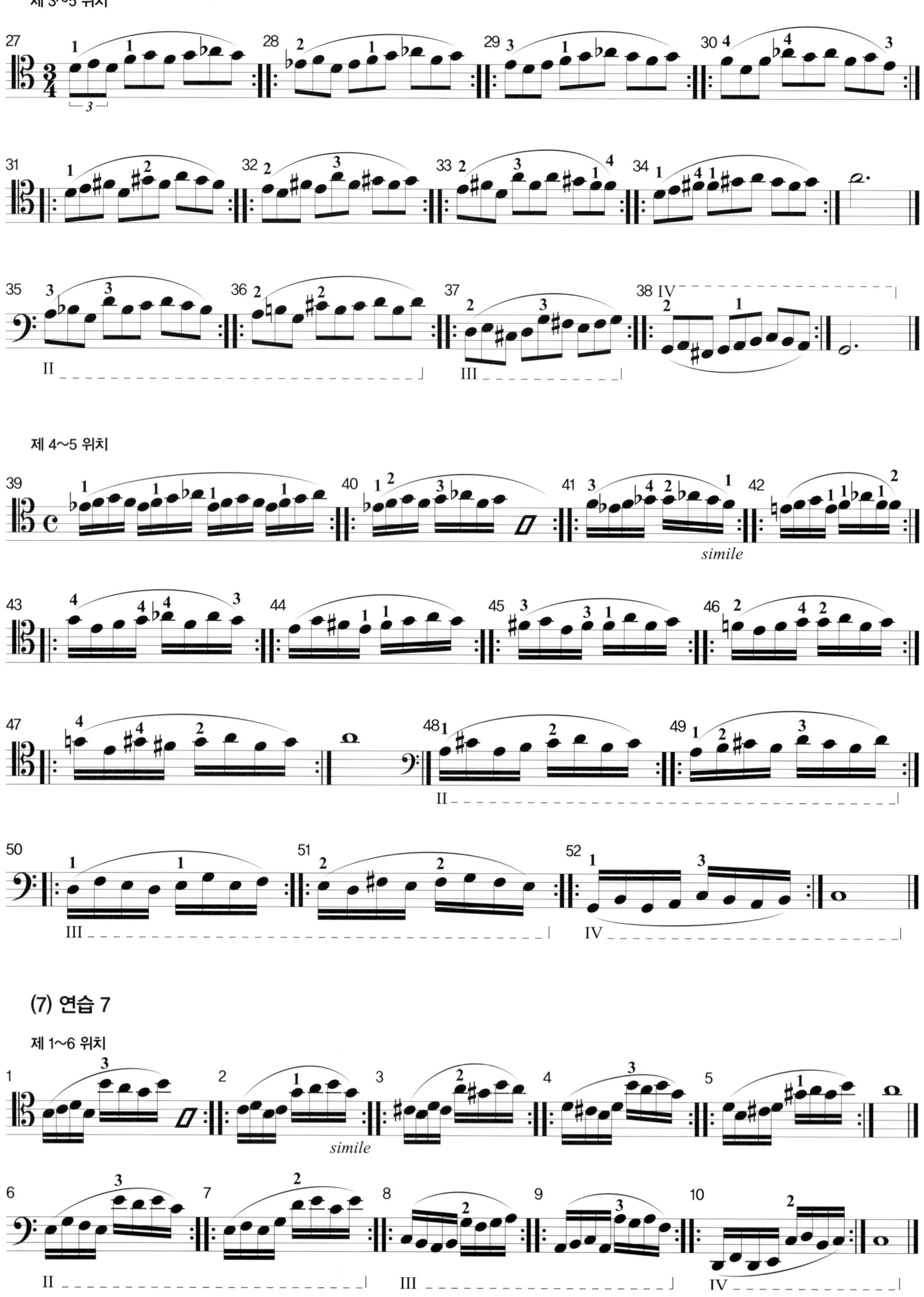

(7) 연습 7

제 2~6 위치

II
III
IV

제 3~6 위치

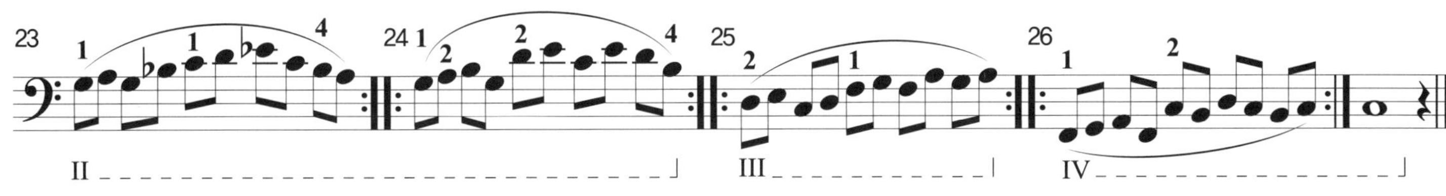

II
III
IV

제 4~6 위치

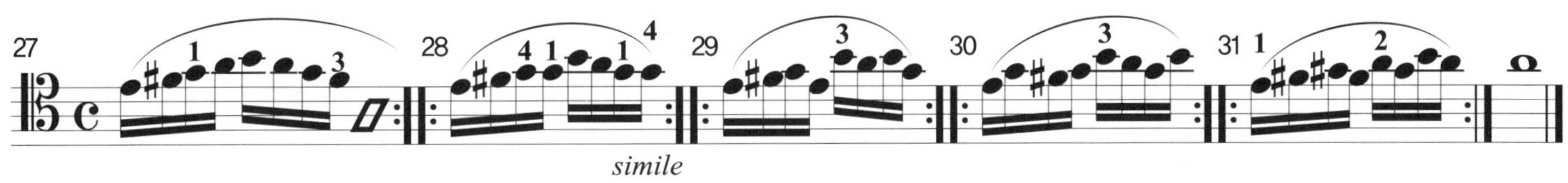
simile

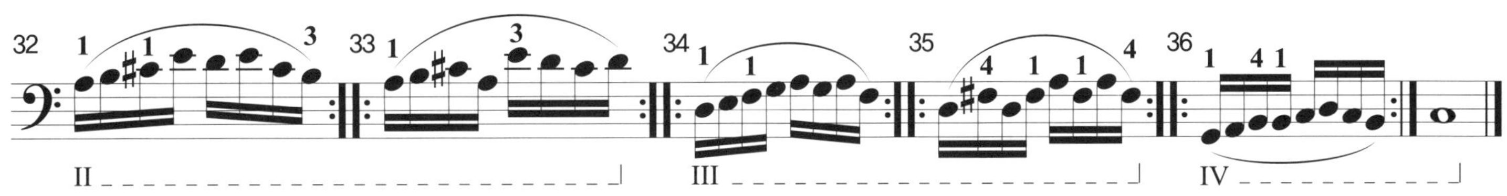

II
III
IV

제 5~6 위치

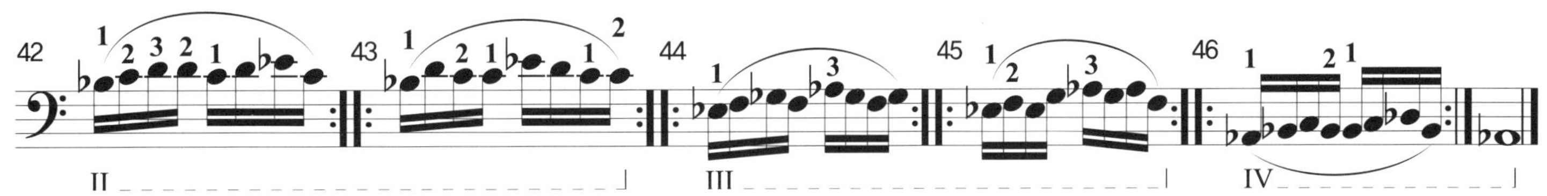

II
III
IV

Bernhard Cossmann

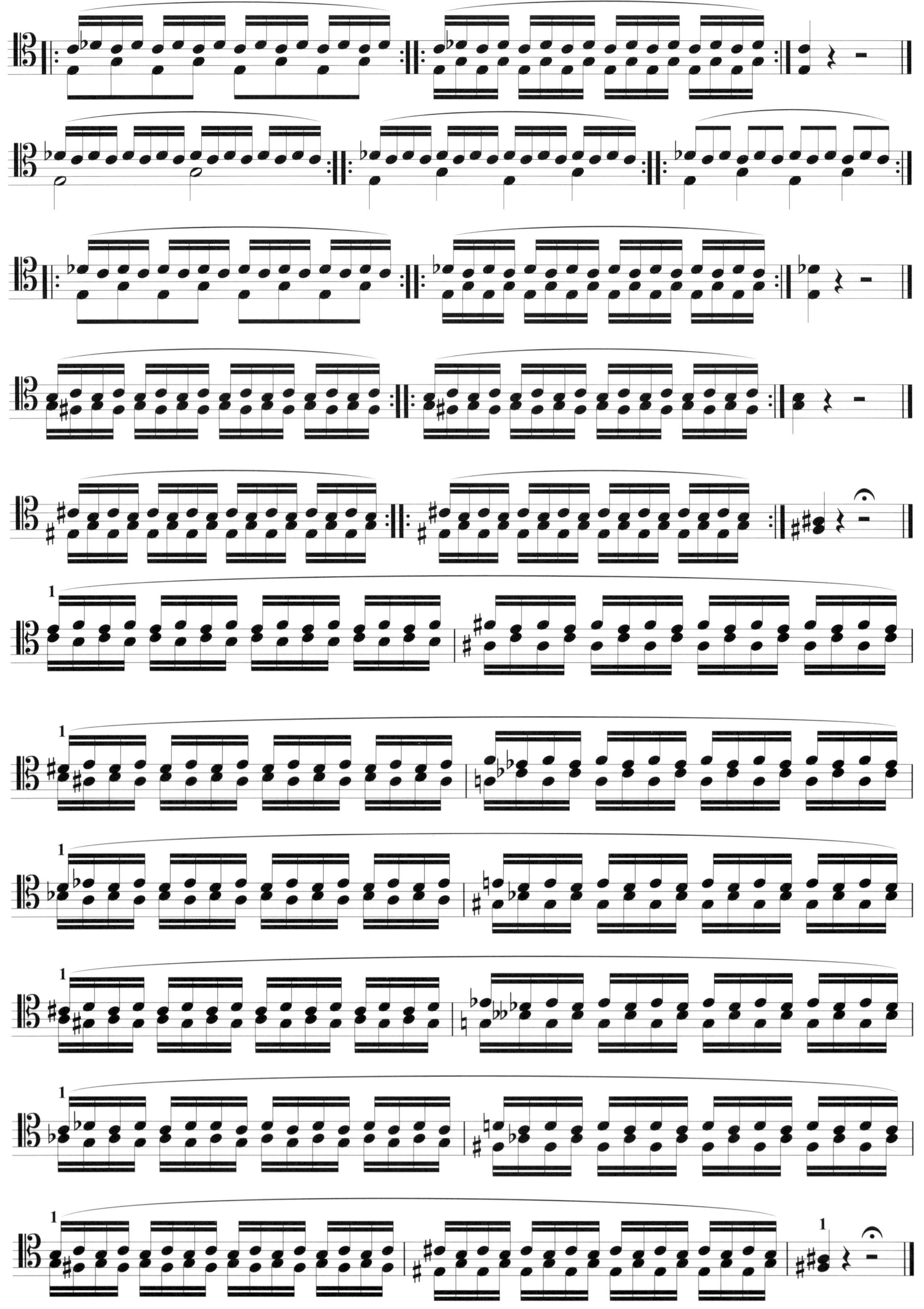

47. 스케일(Scales)

다음 음계는 3 또는 4 옥타브에서 두가지 방법의 운지이다. 음표 위의 운지는 연주에 편한 자세로, 4 위치 이상부터 1, 2-1, 2-1, 2, 3으로 근음이 3지가 되도록 하였고, 음표 밑의 운지는 1, 2-1, 2로 표기하였다. 자신에게 맞는 운지를 선택하여 연습하자.

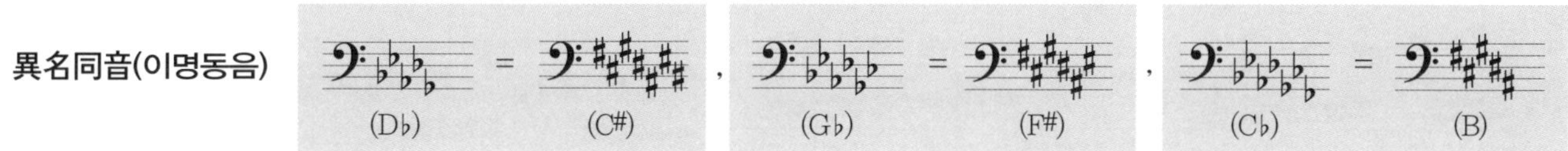

(1) 다장조와 가단조

C Major scale(다장조) : 3~4 음과 7~8 음 사이가 반음이고, 나머지는 온음으로 되어 있는 음계.

A harmonic minor scale(가단조 화성단음계) : 자연단음계의 제 7 음을 반음 올린 음계.

A melodic minor scale (가단조 가락단음계) : 음계가 올라갈 때는 자연단음계의 제 6, 7 음을 반음 올려 주고, 내려올 때는 자연단음계와 같은 음계.

※ 자연단음계 : 2~3, 5~6 음 사이가 반음이고, 나머지는 온음으로 되어 있는 음계.

※ 12개 조의 장음계와 그 관계 단음계를 2, 3, 4 옥타브로 연습하고, 또 리듬을 바꾸어 연습하자.

F Major scale

D harmonic minor scale

D melodic minor scale

(3) 내림나장조와 사단조

B♭ Major scale

G harmonic minor scale

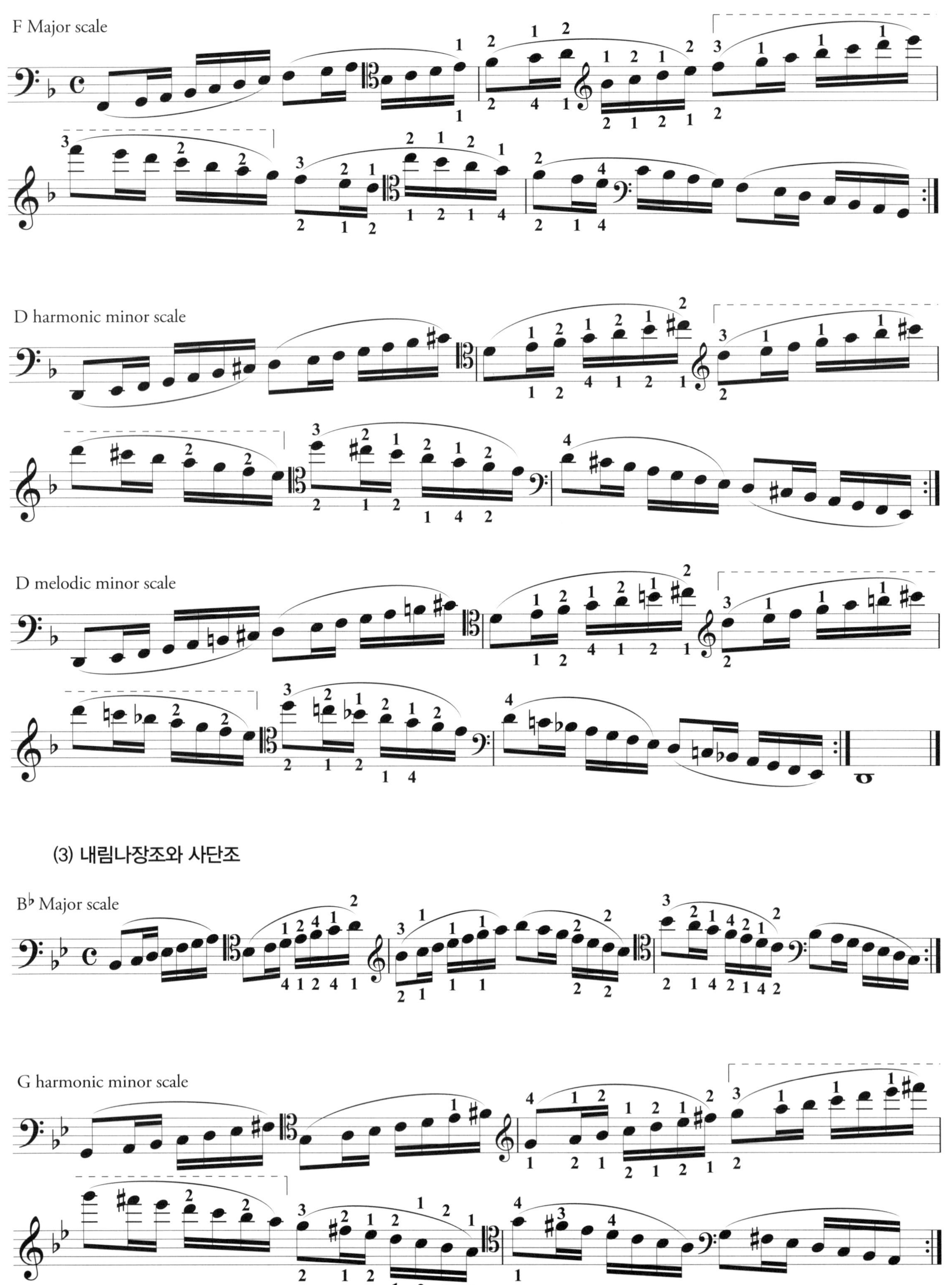

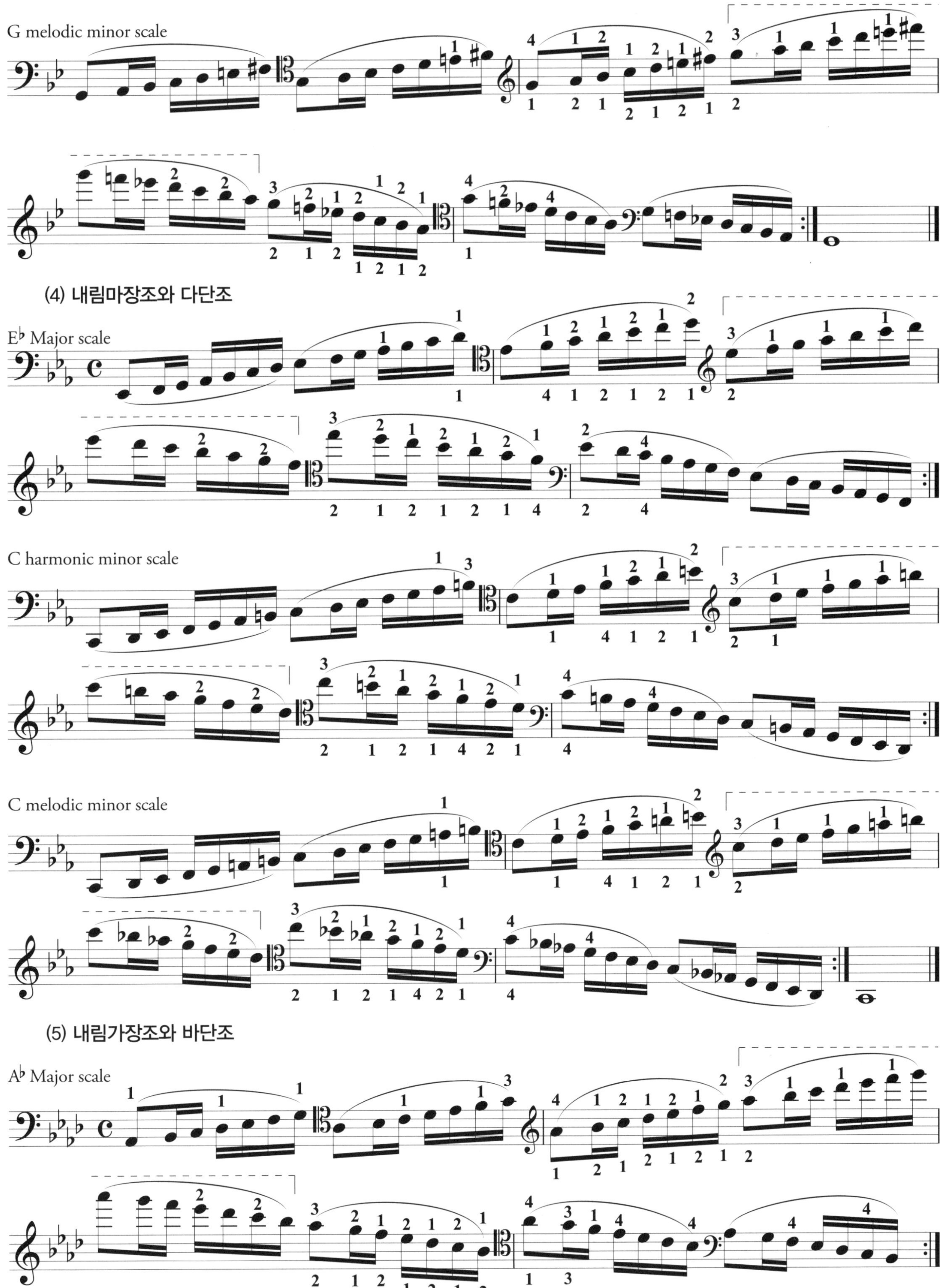
G melodic minor scale
(4) 내림마장조와 다단조
E♭ Major scale
C harmonic minor scale
C melodic minor scale
(5) 내림가장조와 바단조
A♭ Major scale

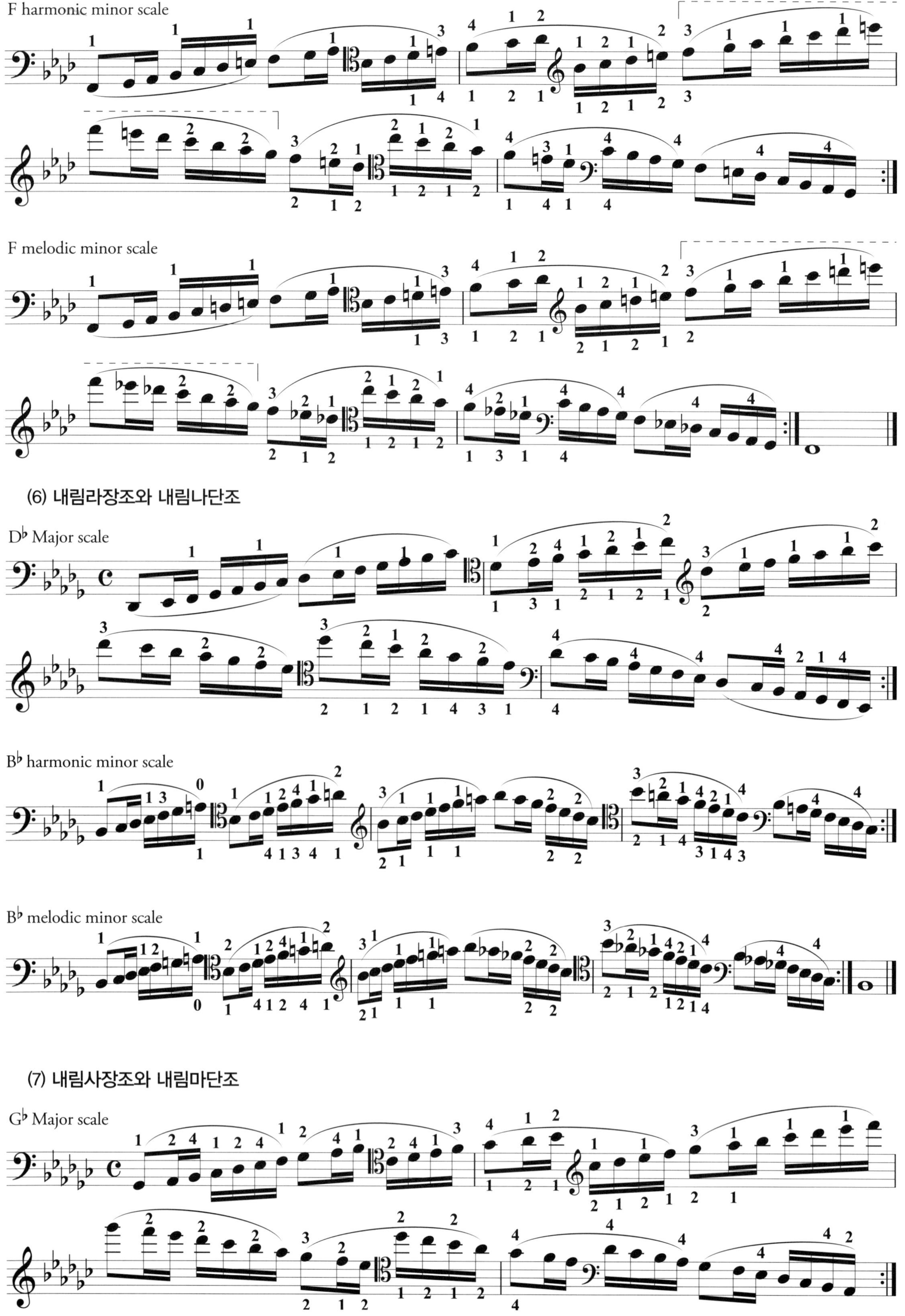

F harmonic minor scale
F melodic minor scale
(6) 내림라장조와 내림나단조
Db Major scale
Bb harmonic minor scale
Bb melodic minor scale
(7) 내림사장조와 내림마단조
Gb Major scale

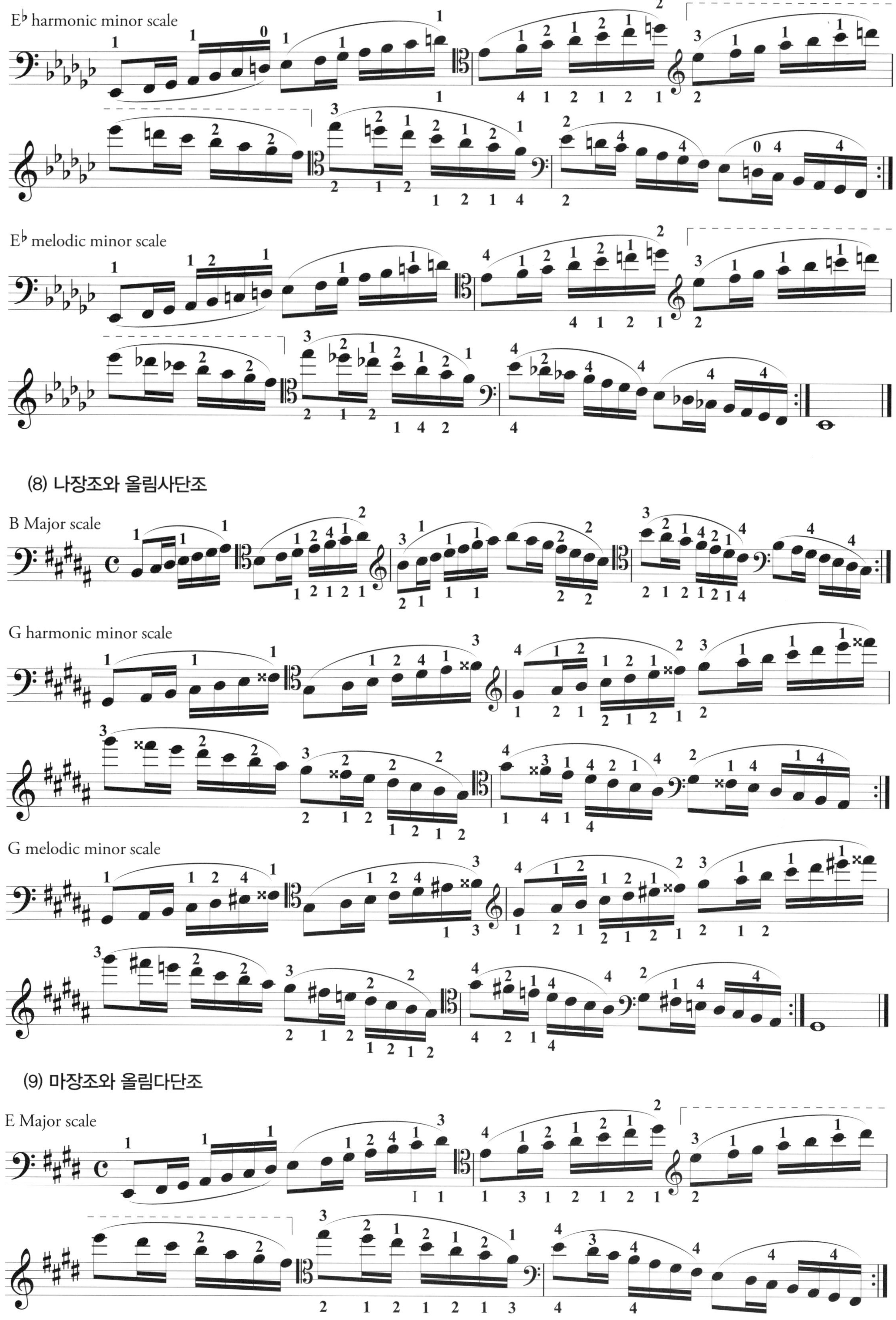

E♭ harmonic minor scale
E♭ melodic minor scale
(8) 나장조와 올림사단조
B Major scale
G harmonic minor scale
G melodic minor scale
(9) 마장조와 올림다단조
E Major scale

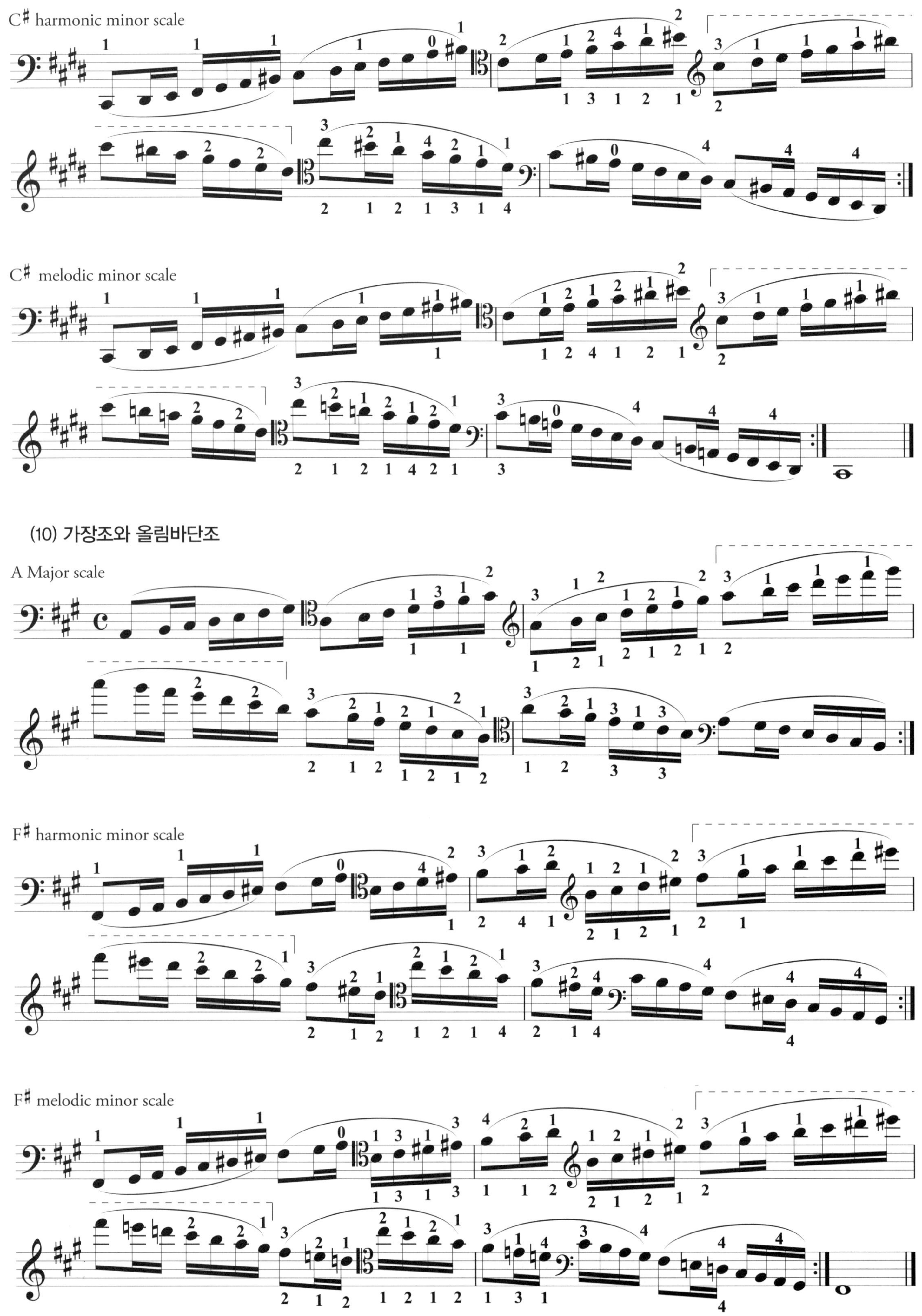
C# harmonic minor scale
C# melodic minor scale
(10) 가장조와 올림바단조
A Major scale
F# harmonic minor scale
F# melodic minor scale

(11) 라장조와 나단조

D Major scale
B harmonic minor scale
B melodic minor scale
(12) 사장조와 마단조
G Major scale
E harmonic minor scale
E melodic minor scale

첼로를 연주한다면 준비 과정으로 매일 연습 · V를 **평생** 한다고 생각하자.

1. 개방현에서 온활, 팔굽, 손목 연습 ·· **3분**

2. 매일 연습 · Ⅳ. C major scale에서 리듬에 변화를 주듯이 다른 조성으로도 연습하자.

– 온활 1, 2, 4, 8, 16개씩 연습 ···································· **한 조성에 5분 30초**

3. 기본 위치(Grundlagen) 연습(81쪽) ························· **약 6분**

4. 엄지(Thumb) 반음계 연습(81쪽) – 온활에 2, 4, 8개씩 연습 ·········· **약 6분**

5. 선율(Kantilenen) 연습(81쪽) ···································· **약 2분**

6. 옥타브(Oktav) 연습(81쪽) ·· **1분 30초**

7. 한 조성으로(♩ = ♬♬) 데타셰, 스타카토, 스피카토, (Fr., M., Sp. 각각) ········ **약 13분**

8. 위치 연습(L. R. Feuillard) (82쪽) ······························· **번호 1개에 4~8분**

총 연습 : 약 45분

※ 앞에서 온활 연습을 $\frac{9}{10}$ 만 연습해 왔다. 지금쯤 활 연습이 숙련되었으면 온활 근육 연습(Ⅱ권 106쪽)을 연습하여 활 전체($\frac{10}{10}$)로 활 끝까지 사용하도록 하자. 이 연습이 자연스러워 지면 팔의 근육이 유연하게 전달되어 활 끝까지 탄력있는 웅장한 소리가 나게 된다.

48. 비브라토(Vibrato)

비브라토란 음량과 감정을 보다 풍부하게 하여 음을 아름답게 울리는 것을 말한다. 이것에 대한 주법이나 표현에 관해서는 많은 의견이 있다. 보통 연주 시에는 왼팔 전체 즉, 손가락 · 손목 · 팔 모두를 자연스럽게 일치시켜 연주자의 감정에 따라 표현한다. 그러나 곡의 성격에 따라서는 손가락 · 손목 · 팔을 각각 사용한 부분 비브라토를 사용하기도 한다. 연주자는 여러 형태의 비브라토 즉, 넓게, 좁게, 빨리 하다가 천천히, 천천히 하다가 빠르게 등 모두 구사할 수 있어야 한다. 일부 학생들은 손가락을 심하게 치거나, 많이 들거나, 줄을 지나치게 세게 누르는 등 왼손에 필요 이상의 힘을 주는 경우가 있는데, 이는 불필요할 뿐만 아니라 근육에 긴장을 주어 오히려 좋지 않다. 보통의 경우에는 줄을 누르기에 **적합한 압력**만으로 충분하며, 다만 음악 상, 어떤 특정한 울림을 요구할 경우에는 강하게 치는 것이 적절할 것이다.

이것은 매우 특별한 방법으로 즉, 손가락을 높이 들어 강하게 내리치는 이른바 핑거 악센트(finger accent)에 의해 이루어진다. 이상과 같이 강하게 손가락에 힘을 줄 때는 음악 자체가 요구하고 있을 경우로 한정되는 것이다. 그 이외의 경우 손가락을 극단적으로 높이 들거나 강하게 내려쳐서는 안 된다.

보통, 폭 넓은 비브라토는 느리고 폭 좁은 비브라토는 빠르지만 연주자는 위의 설명과 같이 폭 넓은 비브라토를 빨리하는 것도, 폭 좁은 비브라토를 느리게 하는 것도 할 수 있어야 한다. 그것은 이들의 결합이 음악에 필요한 여러 가지 음형을 만들어 내기 때문이다. 비브라토에 대한 음색은 기본적으로 개인 취향의 문제이다. 그러나 그 개인적인 취향은 어디까지나 음악 스타일이 요구하는 범주 안에 있어야 한다. 예를 들어 모차르트의 음악은 분명히 브람스와 다른 음색을 요구한다. 모차르트 음악에서의 비브라토는 좁고 맑은 음색이어야 하며, 브람스 음악의 비브라토는 대개 폭이 넓으면서 중후감이 있어야 할 것이다. 이처럼 연주에 앞서 작곡가나 작품의 특징을 미리 검토해야 한다. 연주자는 다이나믹한 억양이나 음영의 배합으로 첼로 연주에 생명감이 주어질 수 있도록 모든 형의 비브라토를 표현할 수 있어야 할 것이다.

48-1. 비브라토를 공부하는 자세

비브라토는 **기본적인 기초 주법과 음정에 자신이 생겼을 때** 교사의 지도에 따라 연습에 들어가는 것이 바람직하다. 음정이 불안한 상태에서 비브라토를 하게 되면 음정은 더욱 나빠지고 나쁜 습관만 생기게 된다. 바른 비브라토를 하기 위해서는 오랜 시간이 필요하다. 무엇보다 양손의 힘, 즉, 오른손 활의 압력과 왼손의 자연스러운 운동이 균형을 이루어야 한다. 앞에서 설명한 바와 같이 연주할 곡의 성격과 작곡가를 잘 파악하여 자신의 마음에서 우러나는 감정이 풍부한 음악을 표현할 수 있도록 연습하자.

48-2. 비브라토 연습

ⅰ. 그대로 악기가 없는 상태에서 **손목은 움직이지 말고**, 가볍게 주먹을 쥐어 손바닥이 가슴을 보게 한 뒤 그림과 같이 전완과 손목을 일직선 상태로 앞가슴을 향해 여러 번 움직여 보자.

ii. 그 다음 윈 손가락을 악기의 1위치에 살며시 올린 후, 엄지는 악기의 목 밑에 자연스럽게 놓고 위 i 번의 운동을 해 보자. 이때, 대개의 초보자들은 비브라토를 어려운 것이라 느껴 악기의 목을 꼭 쥔 채 긴장상태에서 비브라토를 하려고 한다. 이렇게 비브라토를 하게 되면 근육이 경직을 일으켜 모든 움직임이 부자연스러우며 소리도 좋지 않다. 첫 단계에서 바르게 배우지 않으며 후에 그것을 고치기란 매우 힘들다. 따라서 비브라토를 처음 지도하는 교사는 학생들의 손가락 · 팔 · 어깨 등의 근육을 풀어주고, 손의 움직임이 유연한지 주의 깊게 지켜보아야 한다.

iii. 다음 그림과 같이 비브라토의 진폭은 일정한 리듬에 따라야 한다. 이때 목 밑 엄지 끝도 위의 손가락과 같이 똑같은 리듬으로 움직여야 한다.

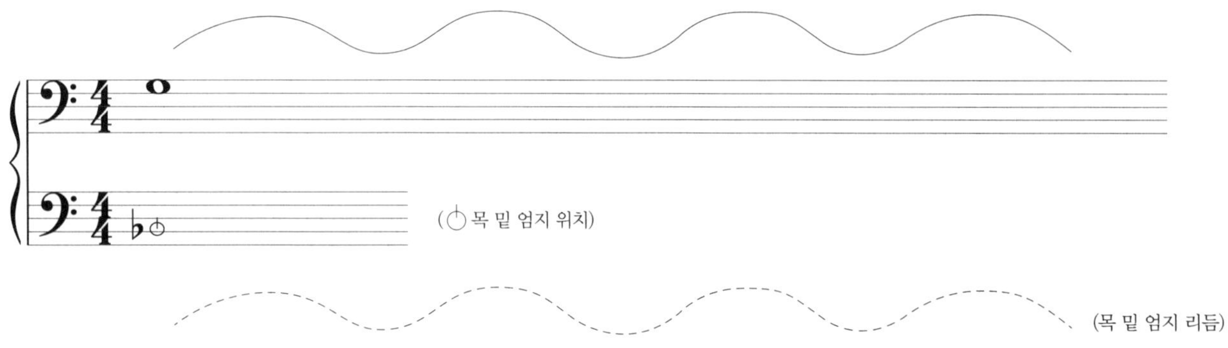

iv. 활 없이 윈손으로만 박자기에 따라 위 i , ii , iii번을 연습해 보자.

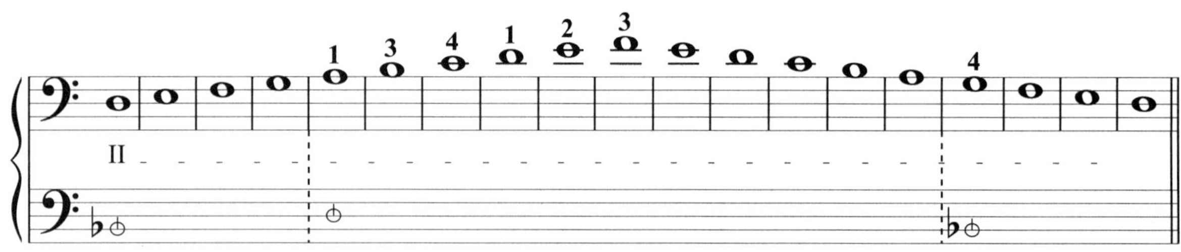

손가락 끝을 적당한 압력으로 지판 위에 놓고 앞 쪽으로만 움직이도록 하자(105쪽 〈그림2〉 참조). 한번 진동을 박자기의 100에 맞추어 다음 설명대로 연습해 보자.

먼저 개방현 **레**를 비브라토 한다고 생각하고 손가락 모두를 진동시켜 보자. 진동을 계속하여 가벼운 압력으로 1지를 **미**에 놓는다. 이때 진동을 멈춤 없이 계속 연결시키면서 1지를 줄 위에 둔 상태로 2지를 **파**에 놓는다. 3, 4번 손가락도 같은 방법으로 진동을 멈추지 말고 비브라토 해 보자. 결국 4지를 비브라토 하고 있을 때는 1, 2, 3지도 줄 위에 살며시 같이 놓여진 상태에서 네 손가락 모두가 비브라토 하고 있는 것이다. 물론 힘은 4번 손가락 끝에만 가해준다. 1~6위치까지는 손가락을 정자세로 하여 비브라토를 하지만, 7위치 **레**부터는 팔굽 끝이 앞으로 조금 나가면서 손목을 비스듬하게 하여 위로 진동시킨다.

v. 위 i , ii , iii , iv번을 잘 이해하고 iv번 연습이 숙달되면, 오른손 활의 압력을 조정하여 활과 함께 연습해 보자. 이때 초보자는 너무 힘을 주어 팔굽 끝이 뒤로 가는 경우가 생기는데, **양 어깨에 힘을 빼고, 팔굽 끝이 앞으로 나와야** 자연스러운 비브라토가 된다.

48-3. 비브라토 연습의 정리

현악기의 공부에서 활·음정·비브라토가 제일 중요하다고 말한다. 비브라토는 생각보다 매우 힘이 드는데, 모든 음의 비브라토에 끈기 있게 노력해 보자. 일부 학생들은 빠른 비브라토가 최상인 듯 지나치게 빠르게만 하려는 경향이 있다. 그러나 불규칙적인 리듬에 의한 **빠른** 비브라토는 잡음에 가까운 소리가 날 수 있으므로 주의해야 한다. 특별한 프레이징 (phrasing) 이외에는 일정한 진폭으로 부드러운 음색을 내는 것이 바람직하다. 비브라토의 진동은 앞·뒤 진동과 앞 진동이 있는데, 그 진폭을 그림으로 표시하면 다음과 같다.

앞·뒤로 진동을 주어 비브라토 하는 것은 바람직하지 않다고 생각된다. 앞·뒤 진동은 〈그림 1〉과 같이 낮은 음과 높은 음이 나와 "우왕, 우왕"하는 매끄럽지 못한 소리가 들리게 된다. 반면 앞쪽으로 진동을 하면 높은 음만 비브라토 되어 "왕, 왕"하고 알차면서 매끄러운 울림이 나오게 된다. 본인의 결론은 **앞 쪽으로 진동하는 비브라토를 권하고 싶다.** 그러면 앞에서의 설명대로 메트로놈을 100에 놓고 진동에 맞추면서 1박자씩(하나, 둘, 셋, 넷 세면서) 앞 쪽으로 진동시켜 연습해 보자. 이 연습에 자신이 생기면 똑같은 진폭으로 메트로놈을 점점 빨리하면서 진폭이 무난한 200 정도로 해 보자. 앞의 설명대로 특정한 울림을 요하는 외에는 200 정도가 연주 시에 가장 무난하다고 하겠다.

49. 줄 맞추는 법

첼로의 줄은 정확하게 조율된 피아노 음이나 표준 튜닝기로 맞추어야 된다. 극히 정밀해야 하므로 발달된 귀의 훈련이 필요하다. 각각의 개방현을 맞추는 것이 간단한 방법이며, 먼저 A음의 줄을 맞추고 다음에 A와 D의 두 줄을 동시에 켜서 그 화음을 듣고 맞춘다. 차례로 D와 G, G와 C를 각각 맞춘 뒤 최종적으로 하모닉스 음으로 확인해 본다.

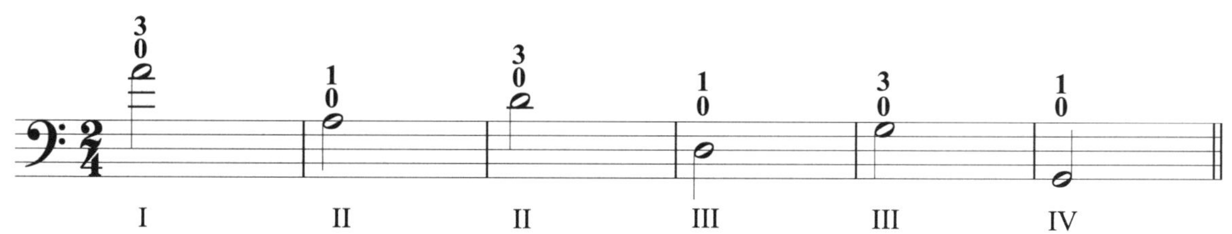

50. 줄 바꿈의 엄지 운동

연습 (1)

활을 정식으로 잡은 상태에서 엄지를 굽혔다 펴는 운동을 활대가 떨어지지 않도록 숙달될 때까지 해 보자.

연습 (2)

내림활일 때 **레** 줄에서 엄지가 굽힌 상태에 있다면, **솔** 줄로 올 때는 팔굽 끝부터 먼저 내려온다(1권 24쪽 팔굽의 유연성). 이때 동시에 엄지를 편다. 반대 동작으로 올림활 **솔** 줄에서 엄지는 펴져있는 상태이다. 이것이 **레** 줄로 가면서 팔굽 끝부터 올리고 동시에 엄지를 굽힌다. 엄지 끝을 굽혔다 펴는 순서는 정해져 있지 않다. 즉, 내림활일 때 엄지가 펴져 있다면 다음 동작은 굽혀 준다. 이런 동작이 아주 유연하게 훈련되어야 줄을 바꾸어도 그 탄력이 전달된다. 줄과 줄 사이에 팔굽과 엄지의 운동이 잘 조화되어 파열음이 없는 탄력 있는 소리를 낼 수 있도록 연습하자(모든 곡에 적용).

51. 온활 근육 연습

지금까지는 활을 길이의 $\frac{9}{10}$ 만 사용해 왔다. 지금쯤은 활을 숙련되게 사용할 수 있으리라 생각된다. 이제 전체 활 길이를 다 사용해서 연습해 보자. 마지막 $\frac{1}{10}$ 의 활 사용은 다소 힘든 근육 운동이므로 끈기 있게 연습해야 한다. 이 연습이 자연스러워지면 활 끝까지 웅장한 소리가 나게 된다.

활쓰기 연습은 1권 17쪽의 방법으로 하며, 팔을 일직선으로 펴도 활 끝은 조금 남아 있다(팔이 긴 사람은 그렇지 않겠지만). 활 끝까지 탄력있는 압력을 가하기 위해 밖으로 펴면서 전완과 손목을 뒤틀어 보자. 이 마지막 근육이 풀릴 때까지는 시간이 걸리고, 며칠 동안 연습을 하다보면 어깨가 당기고 뻐근해 온다. 이 모든 팔의 근육이 유연하게 연습되어야 활 끝까지 압력이 고루 전달되어 탄력있는 소리를 낼 수 있다.

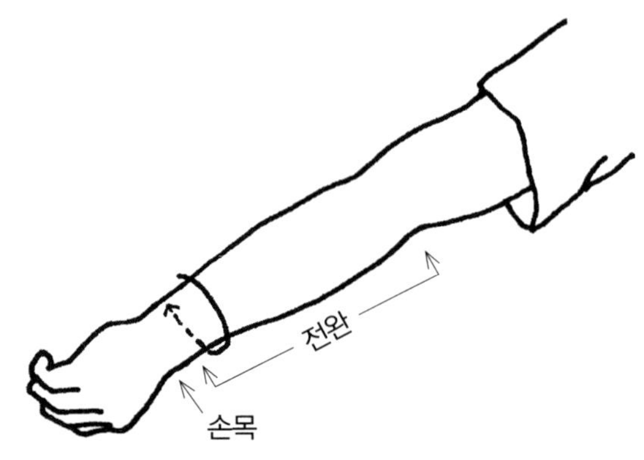

52. 연주 시 몸의 움직임

연주 시 몸을 움직이는 것에 관해서는 각자의 판단에 맡겨야 할 것이다. 그러나 지나친 몸의 움직임은 보기에도 좋지 않을 뿐만 아니라, 악기와 팔의 관계를 항상 다시 조정해야 하므로 연주 시 방해 요인이 될 수 있다. 한편 몸을 전혀 움직이지 못하게 강요하는 사람도 있는데, 이것 또한 너무 극단적인 것으로써 권할 수 없다. 예를 들어 사람들이 걸어 갈 때 이외의 몸과 팔도 편안하게 움직여야 자연스럽다. 연주 시 적당한 몸의 움직임은 음악을 보다 흐름 있게 리듬적으로 처리할 수 있을 것이다. **물론 지나친 몸의 놀림은 삼가야 한다.** 그러나 편안한 상태에서의 적당한 몸의 움직임이 연주자의 긴장감을 완화시키고, 음악을 보다 뉘앙스 있게 한다면 결코 삼가야 할 이유는 없는 것이다.

아래의 기호는 하나의 예를 든 것으로 연주자의 감정에 따라 변할 수 있다. 호흡 연습과 오른손의 엄지 운동도 같이 연습해 보자.

⇨ : 어깨가 10cm 정도 오른쪽으로 갔다가 서서히 정 위치로 온다.

⇦ : 어깨가 10cm 정도 왼쪽으로 갔다가 서서히 정 위치로 온다.

→ : 어깨가 5cm 정도 오른쪽으로 갔다가 서서히 정 위치로 온다.

← : 어깨가 5cm 정도 왼쪽으로 갔다가 서서히 정 위치로 온다.

− : 정 위치에서

〈 : 엄지를 굽힌 상태에서 서서히 편다.
　　또는, 계속 굽히고 있는다.

〉 : 엄지를 편 상태에서 서서히 굽힌다.

다른 줄로 바꿀 때 그 탄력을 유지하기 위해 손목, 팔굽, 엄지손가락 운동이 일치하여 순간적으로 줄을 바꾼다.

Concerto No. 3

1. 단계별 곡 선정 요령

학생들은 자신의 실력에 따라 개인의 부족한 면을 잘 파악하여 교사의 지시에 따라 기량에 맞는 곡을 선정해야 한다. 자신의 기량은 잊은 채 다른 학생들이 하는 곡이 좋다거나, 음반에서 들리는 음악이 좋아서 교사와는 의논 없이 어떤 곡을 지도해 달라는 학생은 경솔하다고 본다. 물론 본인의 의사도 중요하지만, 그러나 자기 실력에 맞지 않는 곡을 공부하다 보면 나쁜 주법과 습관이 자신도 모르게 생길 수 있다. 외국의 경우 공부하는 학생들은 교사의 지시에 따라 충분한 기초 훈련을 거친 후, 시대별, 작곡가별, 또는 곡의 난이도별로 공부해 간다. 반면 우리 학생들은 자신의 테크닉을 고려하지 않고 인기 있고 난해하며 수준 높은 곡만을 선호한다. 한 마디로 곡의 인플레이션(inflation) 현상이다. 다시 말해 기본적인 체계가 없는 즉, 기초 골격이 부실한 건물을 지어가는 현상이 아니랄 수 없다. 프로인 대가들은 모든 것을 익혀 자기화 시킨 테크닉을 자유자재로 표현하는 것이다. 물론 때때로 그들도 자기화적인 고집에 오류를 범하기도 한다. 그러나, 그들의 오류는 프로이기 때문에 나름대로 용납되는 것이다. 학생들이 무방비하게 어떤 음반을 되풀이해서 듣고 똑같이 모방을 한다면, 그 예술가의 마음으로 밖에는 그 작품을 해석할 수 없게 되는 것이다. 당연히 정확한 의미는 고사하고 악보에 나타난 기본적인 공부도 소홀하게 될 것이다. 이와 같은 방법으로 공부하다보면 그 학생이 가진 예술가적인 음악적 성장을 마비시키는 결과가 되어, 튼튼한 기초교육 아래 생기는 창의적이고 독창적인 자기 음악은 없어지고 말 것이다.

현대는 개성시대이다. 남의 것을 모방하기 보다는 뚜렷한 주체성 아래 자기를 표현할 수 있어야 한다. 음악성이 내재된 자기 음악을 진실되게 표현하려면 풍부한 지식과 경험으로 내면에 충실해야 한다. 그러기 위해서는 여러 종류의 책을 많이 읽어 마음에서 우러나오는 감정이 절대적으로 필요하다.

2. 첼리스트의 계보

첼오의 유파로는 뒤포르(Jean Louis Duport, 1749~1819) 형제를 근원으로 하는 프랑스 유파, 세르베(Adsrien Franzois Servais, 1807~1866)를 중심으로 하는 벨기에 유파, 도차우어(Friedrich Dotzauer, 1783~1860)에 의해 이룩된 드레스텐 유파 등이 있다.

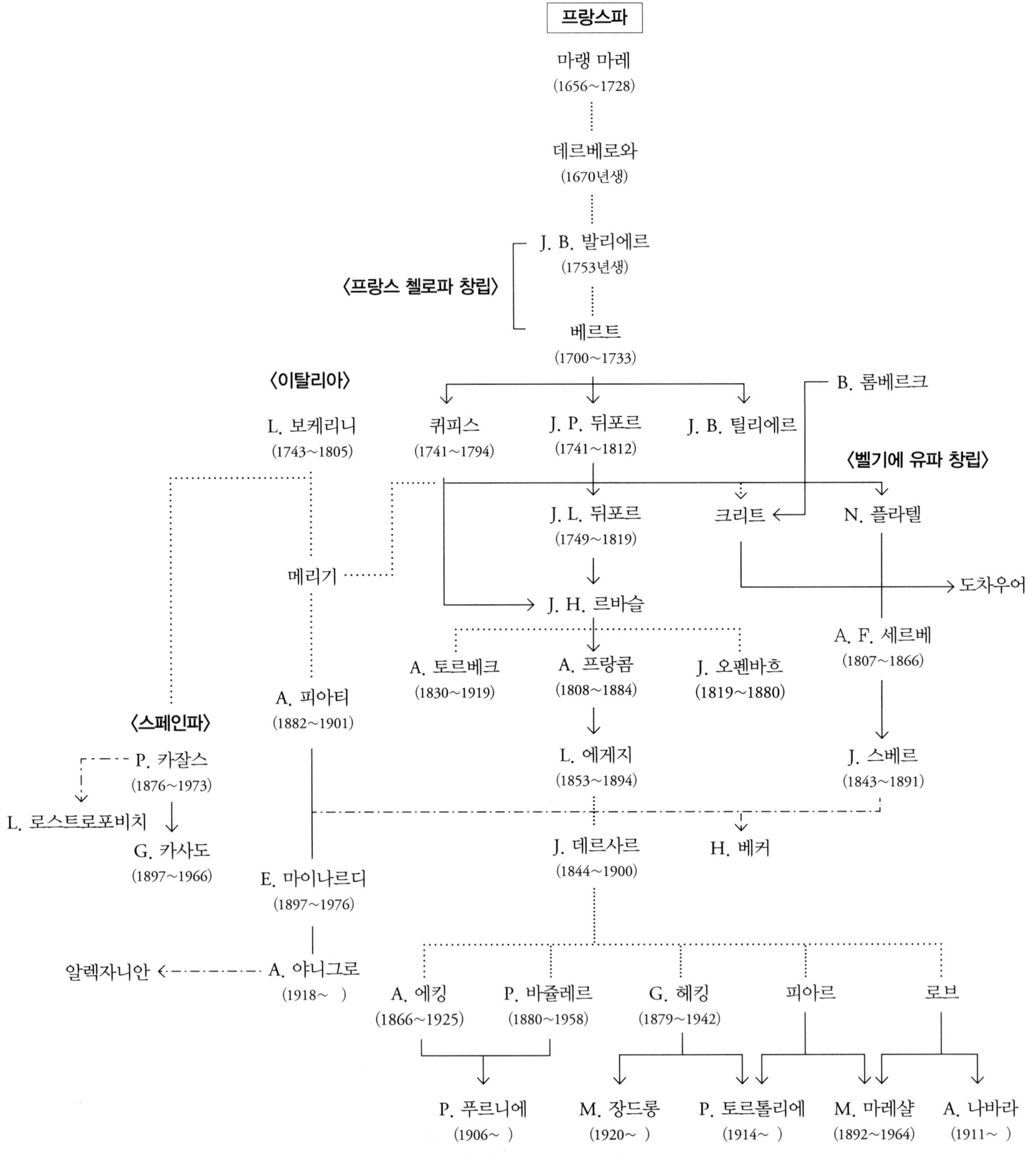

아래의 도표에서는 위의 일반적인 유파 이외의 그 밖의 흐름에 대해서도 이해하기 쉽도록 만들어 놓았다.

·········· 은 같은 유파의 흐름, ·—·—·· 은 다른 유파, ——→ 은 직접적인 사제 관계, ·—·—·→ 직접적인 사제 관계이나 다른 유파 등을 나타낸다.

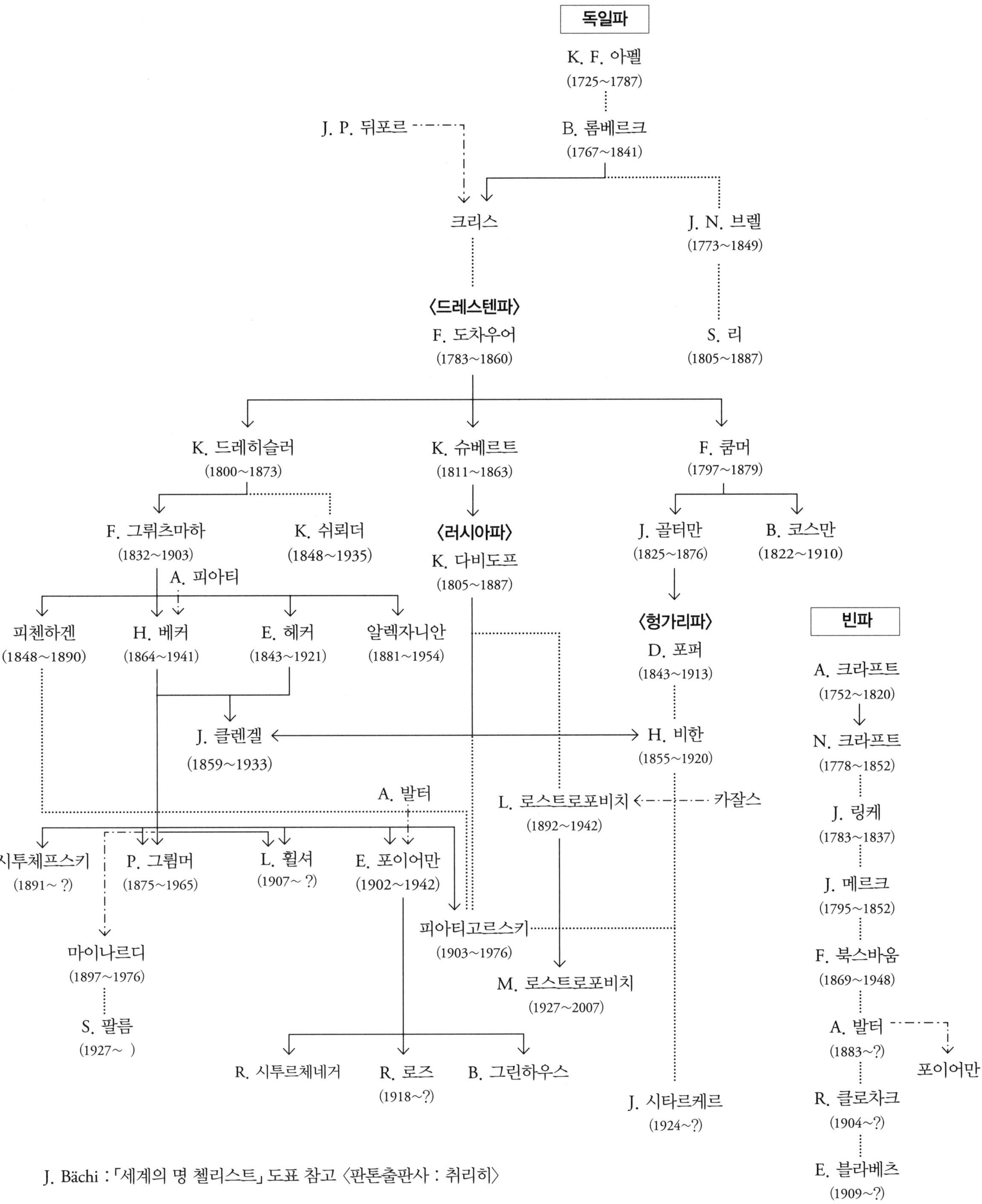

J. Bächi : 「세계의 명 첼리스트」 도표 참고 〈판톤출판사 : 취리히〉

3. 연습에 관하여

무슨 일이든 목표에 도달하기까지는 꾸준한 노력과 인내를 필요로 한다. 첼로 역시 마찬가지다. 뛰어난 재능이 있다하더라도 그것은 도움이 될 뿐 연습의 대용이 될 수는 없다.

연습법에는 좋은 연습법과 나쁜 연습법이 있다. 끊임 없는 노력에도 불구하고 만약 효과를 가져 올 수 없다면 그것은 연습 방법에 문제가 있는 것이다. 연주자에게 가장 적은 시간으로 최대의 효과를 얻는 것이 좋은 연습법일 것이다. 연습은 레슨의 연장이며, 자기를 가르치는 또 하나의 과정임을 명심하고 교사가 없어도 자기의 공부를 정확히 감독할 수 있어야 한다.

3-1. 연습의 목적

기술(테크닉)적인 면과 음악적인 해석, 이 두 가지가 연습의 목적이 될 것이다.

ⅰ. 기술(테크닉)을 습득하기 위해 연습의 일부를 음계(scale)나 기본적인 연습에 소비하고, 또 일부는 연습곡이나 연주곡에 나오는 기술상의 문제 처리에 소비해야 한다. 연습은 항상 단순한 것부터 익혀가야 하며, 한 문제를 정확히 해결하고 나서 다음 문제로 넘어가야 한다. 또한 문제가 숙달되었다면 그것을 되풀이하는 것은 시간낭비이다. 그것을 그대로 둔 채 다음으로 나가야 한다. 물론 시간이 경과해서 습득한 기술이 여전히 확실한가, 또는 수정이 필요한가를 확인하기 위해 앞으로 되돌아가는 것은 괜찮다.

ⅱ. 음악적 해석을 위한 연습에서는 '프레이즈'의 나뉨과 자신이 표현하고자 하는 음악적 색채를 좀더 선명하게 나타낼 수 있도록 연습해야 한다. 또 음악과 자신의 연주 외에 청중이 그곳에 있다고 생각하면서 곡 전체를 가능하면 반주와 함께 연주해야 한다.

3-2. 효율적인 연습 방법

무엇보다도 연습에 있어 중요한 것은 생동감 넘치는 두뇌의 활동이다. 손가락과 손은 기계적인 놀림으로 계속 반복하고 있고, 머리는 다른 생각들로 가득 차 있는 연습은 목적을 달성하기는커녕 오히려 해가 된다. 지도와 통제가 부족한 이러한 잘못된 연습이 반복되면 귀는 틀린 음정에 둔감해지고, 또 나쁜 습관이 뿌리 깊게 되어 두뇌와 귀를 완전히 둔화시키게 된다.

연습에 있어 어느 학생에게나 계획표에 따라 일정한 시간의 연습을 요구하는 것은 의미가 없다. 그것은 개개인의 조건, 가능성 등 경우에 따라 다르기 때문이다. 연습 순서, 즉 음계부터 연습하고, 연습곡, 연주곡으로 연습 순서를 고정시킬 필요는 없다. 꼭 해야 할 연습이 무엇인가를 알고 있는 한 이런 순서를 수정해서 연습해도 무관하다. 중요한 것은 연습의 소재를 혼합해서 하나의 사항에 너무 오래 머물지 말고 두뇌를 항상 신선하게 유지하는 데 주력해야 할 것이다. 연습 시간 역시 개인의 차가 크다. 장시간 피로를 느끼지 않는 학생이 있는가 하면 단시간에도 피로를 느끼는 학생이 있다. 연습의 시간적인 양보다는 단시간이라도 연습 시간이 효과 있게 진행되고 있는지, 또 연습이 매일 습관적, 규칙적인 것은 불규칙적이면서 한 번씩 오랜 연습을 하는 것보다 훨씬 학생을 향상시켜 줄 것이다.

3-3. 귀를 기울여 연습하자

어떠한 형태의 연습에 있어서도 정확히 듣고 판단할 수 있는 귀의 끊임없는 주의력이 요구된다. 무엇이 좋고 무엇이 나쁜가를 최종적으로 판단하는 것은 항상 귀이기 때문이다. 만약 연주자들이 자신의 연주를 녹음으로 들어본다면 연주가 자신이 뜻한 바와는 상당히 차이가 난다는 것을 느낄 것이다.

또, 연습에 몰입하다보면 객관적으로 듣지 않고 주관적으로 듣는 경향도 많아진다. 자신의 연주를 자신이 느끼면서 관조적인 입장으로 할 수 있다면 더없이 좋을 것이다. 연습을 효과 있게 하기 위해서는 그대로 듣는 '귀의 올바른 능력'이야말로 가장 근본적인 중요한 요소이다.

4. 교사에게 드리는 말

교사의 입장에서 가장 중요한 사명은 학생이 스스로 배우는 방법을 익히게 하는 것이다. 그러나 학생은 모두 같지 않고 또 똑같이 다루어서도 안 된다. 교사가 지닌 엄격한 원칙에 따라 학생들을 획일적으로 가르치는 것은 교사의 사명에 어긋나는 행위이다. 학생의 가능성을 판단하고, 또 개인차를 인정하여 장점은 살리고 단점은 고치게 해주는 즉, 나름대로의 조건과 환경에 맞게 연구 분석하여 가르쳐야 한다. 또, 자기 자신의 주법과 일치하지 않는 것은 모두 나쁜 것으로 분류해 버리지 않는 지식의 도량을 가져야 한다.

교사는 훌륭한 심리학자가 되어야 한다. 학생의 성격을 올바르게 분석하여 학생이 낙심하지 않도록 유의해야 되고, 또 어떤 사항을 가르치는 데 적당한 때와 그렇지 않을 때가 있다는 것을 알아야 한다. 우선적으로 가르쳐야 할 것이 무엇인지 즉, 학생이 가장 문제가 되는 것, 취약적인 것부터 가르쳐 나가야 될 것이다. 새로운 사항을 소화시키는 능력은 누구나 한정되어 있으며, 동시에 너무 많은 치료를 하려하면 자칫 부정적인 결과를 가져올 것이다.

학생의 시가를 올리는 것과 지식을 기르는 것도 똑같이 주의 깊게 계획되어야 한다. 격려와 칭찬이 필요할 때의 엄격함과 질책이 필요할 때는 각각 깨달아야만 한다. 그리고 학생이 소극적·내성적인 성격의 소유자일 경우 많은 칭찬과 격려가 필요할 것이다. 반면 이와 반대의 학생은 많은 칭찬과 격려가 노력을 하지 않게 하고 지나친 자신감에 빠지게 되는 결과를 가져다준다. 너무 일찍 자신감을 갖는 것은 참된 기술을 얻지 못하는 결과를 초래한다. 교사는 계획에 따라 학생을 꾸짖어야 하고, 또 이것은 성내어 꾸짖는 것과는 달라야 한다. 교사와 학생의 관계에서는 결코 성질을 부려서는 안 된다.

'연습에 관하여'와 같이 교사에 있어서도 '기술(테크닉)의 연마'와 '음악적 해석'과의 균형이 필요하다. 해석만을 강조하면 기술적인 능력이 소홀해지고, 반대로 기술적인 요인만을 강조한다면 스스로 음악을 만드는 능력과 더불어 상상력도 불완전해질 것이다. 이 두 요인 사이의 균형은 학생의 발전에 여러 가지 단계에 따라서 달라져야 할 것이다. 음악가로서의 발전에 연령 제한은 없지만, 기술이 가장 급속히 성장하는 때는 젊을 때이므로 기술적인 요인이 먼저 앞서야 할 것이다. 기술이 확실한 기초 위에 쌓아올려져 있다면, 그때는 음악적 해석의 요소로 옮겨도 좋다. 가르치는데 있어 음악적 해석 면에서도 교사는 모든 곡에 대하여 자신의 개인적인 음악사의 의견을 학생에게 강요하려해서는 안 된다.

이제 레퍼토리에 관해 교사들은 얼마만큼 다양성과 융통성을 가지고 있는지 생각해 보자. 교사는 학생에게 적합한 곡만을 주면서 편한 방법을 택하게 해서는 안 된다. 레퍼토리는 어떤 학생의 경우도 편파적인 발달을 피하도록 포괄적이게 가르쳐야 한다. 즉, 모든 시대의 작품을 학생이 골고루 다루도록 목표를 정해야한다. 공부를 위해서는 자신이 특별히 부족한 부분이 많은 곡을 선정해야 하고, 그러나 연주를 위한 곡은 학생의 개성에 적합하고 학생이 지닌 독특한 재능을 가장 유리하게 나타내는 곡을 택하는 것이 현명할 것이다. 교사 자신이 악기에 대하여 충분한 지식을 가져야 한다는 것은 당연하지만, 또 첼로의 레퍼토리에만 한정시켜서도 안 된다. 보다 폭넓은 음악을 표현하려면 다른 모든 장르의 음악을 접해야 한다.

마지막으로 교사는 보다 양심적이고 인내심이 강하면서 냉정해야 한다고 말하고 싶다. 자신의 일에 진정한 애정과 열의를 가져야만 좋은 지도를 할 수 있을 것이고, 무엇보다 가르침에 헌신적인 마음을 가져야 할 것이다.

5. 악기 관리와 보관

첼로 등 현악기들은 항상 세심한 주의와 관리가 필요하다. 연주 또는 연습 후 항상 마른 면 수건으로 악기 몸통과 선에 묻어있는 송진가루를 깨끗이 닦아주고 악기 지판과 선에 묻은 땀을 닦아주는 것이 좋으며, 또한 악기를 연주한 후 30분 이상의 휴식 또는 다른 일을 할 때에는 습도가 잘 조절된 케이스 속에 안전하게 보관하는 것이 바람직하다.

우리나라 기후 조건을 볼 때 현악기 관리 및 보관에 가장 어려운 시기는 여름과 겨울이다. 여름은 공기 중의 많은 습도로 인하여 악기가 습기를 빨아들이게 되어 악기 몸통의 접합 부분의 응집력이 부족하여 떨어지기 쉬우며 악기가 소리를 제대로 내지 못한다. 이러한 기후에 의한 부작용을 막기 위해서는 사용 후 마른 수건으로 깨끗이 닦아준 후 외부 공기와 차단되도록 즉시 케이스에 넣어 보관하는 것이 바람직하다. 한편, 겨울철의 습도 유지도 결코 쉬운 일이 아니다. 겨울에는 악기 전체가 상당히 건조해지고 악기 만들 때의 접합 부분이 수분 부족으로 인하여 접착력이 떨어지고 이로 인해 이완작용이 발생하여 접합 부분이 떨어지거나 또는 부분적인 힘의 불균형에 의해 깨지는 등 악기에 손상이 갈 수 있다. 현악기 보관에 있어서 가장 이상적인 환경은 공기 중의 습도가 40~50% 정도로 유지되는 것이며, 온도는 18~25도 사이가 가장 적합하다. 이 범위 내에서 현악기들은 가장 아름답고 건강한 소리를 낼 수 있으므로 스팀 기구나 냉 · 난방 기구에서 되도록 악기를 멀리 보관해야 한다.

가습봉(Dampit) 사용 시 주의할 점은 너무 많은 물을 적시지 않도록 하고, 가습봉 겉 부분을 깨끗이 마른 수건으로 닦은 후 넣어 사용하며 Soundpost(혼기둥) 즉, 음 전달목에 닿지 않도록 각별히 주의해야 한다. 또한 급격한 온도변화를 피해야 한다. 즉, 연주 장소 이동 시에는 적어도 3~4시간 전에 악기를 옮겨놓아 악기가 연주 장소의 온도에 익숙하게 한 후 연주해야 좋은 소리를 낼 수 있으며 악기에도 무리를 주지 않는다. 현악기의 관리 및 보관상 꼭 알아두어야 할 또 하나는 오래된 현악기들은 약 10년마다 정기적으로 종합적인 복원 점검 및 수리(Restauration)를 받아야 한다는 것이다. 그 이유는 악기를 만들 때 사용하는 천연 접착제인 아교의 접착성과 밀착성의 수명기간이 최고 15년까지이며, 그 이후로는 접착성을 잃거나 부패 또는 작은 입자로 분리되기 때문이다. 이때 중요한 것은 악기 전체를 해체한 상태이므로 약한 부분은 보완해주고, 큰 곳을 잘라내야 하며, 앞판 좌측 안에 붙어있는 베이스 바(Bassbalken)를 새로 교환해 주어야 한다. 베이스 바는 앞판을 4선의 압력으로부터 보호해 주기 때문이다.

정통 주법과 최신 지도법에 의한

뉴 첼로 교실 Ⅱ

발행인 최우진
편저자 이구일
편 집 조나단, 송혜진, 원태경, 유경아, 박선영
발행처 (주)스코어 대표 정상우
영 업 현석호
관 리 김정숙

등 록 2012년 6월 7일 제313-2012-196호
I S B N 978-11-5780-004-9(14670)
주 소 서울시 마포구 동교로 13길 34(121-896)
전 화 02)333-3705
팩 스 02)333-3745
www.allmusicscore.com
www.openhousebooks.com

판매원 오픈하우스

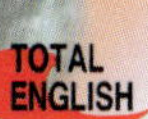

Total Note-taking System

TOTAL iBT TOEFL

Note-taking

이을기 · 채미영 박사 공저

LNB PRESS

이 을 기

- ■ 서울대 졸업
- ■ 외대 동시 통역 대학원 한영과
- ■ Boston University Law School 수학
- ■ 포항제철 사장 전담 통역
- ■ TOTAL ENGLISH 대표
- ■ 저서   토플 기초공사 Listening
           토플 기초공사 Writing
           Total iBT 토플 Reading
           Total iBT 토플 Listening
           Total iBT 토플 Speaking
           Total iBT 토플 Writing
           Total iBT 토플 Vocabulary

채 미 영

- ■ 서울대 졸업
- ■ 외대 동시 통역 대학원 한영과
- ■ Boston University 교육학 박사 과정 수학
  (Bilingual Education 전공)
- ■ Walden University 영어 교육학 박사
  (박사 논문: A content-based ESL instructional method for Korean students)
- ■ TOTAL ENGLISH 원장
- ■ 저서   토플 기초공사 Listening
           토플 기초공사 Writing
           Total iBT 토플 Reading
           Total iBT 토플 Listening
           Total iBT 토플 Speaking
           Total iBT 토플 Writing
           Total iBT 토플 Vocabulary

추천의 말

보스턴 칼리지 린치 교육대학원
마리아 브리스크 박사

Total iBT TOEFL
Note-taking System 비법
1부

Total Note-taking 4

1부

Basic Structure 8

2부

Total Note-taking System

iBT TOEFL의 시대가 도래하면서 새롭게 등장한 용어가 바로 Note-taking이다. 시험 중 전혀 필기를 할 수 없었던 CBT TOEFL과 달리 iBT TOEFL에서는 Note-taking이 허용되기 때문이다. 듣기 내용을 적는 Note-taking은 여러 양태로 이루어 질 수 있다. 문제는 어떻게 적어 두어야 Listening은 물론 나아가 Speaking과 Writing영역의 통합형 문제까지 효과적으로 풀 수 있는가이다.

필자가 iBT TOEFL을 처음 접하고 가장 먼저 한 생각은 동시통역대학원 졸업생은 쉽게 고득점을 받겠다는 것이었다. 물론 영어 실력이 좋은 것도 있지만 동시통역대학원에서 익히는 전문 Note-taking 능력이 iBT TOEFL의 모든 듣기 문제를 간단하게 해결해 줄 것임을 알았기 때문이다.

하지만 통역사들이 익힌 Note-taking 기법을 iBT TOEFL에 적용하려면 다소의 개편이 필요하다. 영어에서 한국어로, 아니면 한국어에서 영어로 나가는 통역과 달리, iBT TOEFL에서는 영어로 듣고 바로 영어 문제를 풀거나 아니면 영어로 들은 내용을 정리해서 영어로 말을 하고 글을 써야 하기 때문이다. Total Note-taking은 이러한 차이를 염두에 두고 통역사용 Note-taking을 개편하여 개발된 최초의 iBT TOEFL 전용 Note-taking 훈련법이다.

Total Note-taking에서 사용되는 많은 기호들이 처음에는 낯설게 느껴

질 수 있다. 그러나 이들 기호들은 체계적으로 서로 연계되어 있어서 생각보다 쉽게 익힐 수 있을 것이다. 게다가 자신이 적은 Note 내용을 각 Listening Script마다 제시되어 있는 모범 Note-taking과 대조하는 작업을 서너 차례 거치고 나면 자신도 모르는 사이에 Total Note-taking 기법을 숙달하게 될 것이다. 필자가 강의하는 학원의 학생들도 듣는 내용을 Note-taking하라고 하면 처음에는 난감해 한다. 그러나 칠판에 제시된 모범 Note-taking과 자신의 것을 여러 차례 비교하다 보면 어느새 Note-taking 전문가들로 변해가게 된다. 이제는 전문 통역사가 된 듯 Note-taking을 하는 학생들의 대견한 모습에서 iBT TOEFL에 대한 자신감을 느끼곤 한다.

Total Note-taking과 iBT TOEFL 영역별 점수

★ Listening

Total Note-taking은 먼저 Listening 영역 점수에 큰 영향을 줄 것이다. 지문의 길이가 4-5분으로 대폭 늘어났기 때문에 청취력은 물론, 집중력과 기억력이 점수에 큰 변수이다. 일단 Total Note-taking은 청취력을 높여준다. Note-taking을 하면서 강의나 대화를 들으면 자신의 기본 청취력보다 더 많이, 더 정교하게 듣는다. 적극적으로 듣는 내용을 적어야 하기 때문에 들리는 내용의 논리를 더 예리하게 분석해야 하기 때문이다. 비록 일부 내용을 놓치더라도 전체 내용의 흐름을 잘 따라가면서 Note-taking하고 있었다면 놓친 부분을 논리력으로 채울 수 있다. 그래서

Total Note-taking 방식에 따라 Note-taking을 하면서 들으면 그냥 들을 때보다 Listening 점수가 오르게 된다.

Total Note-taking은 들으면서 계속 집중력을 유지하는 데도 큰 도움이 된다. 한 주제에 대해서 5분 동안 강의를 듣기만 하면 깜빡 다른 생각에 빠질 수도 있다. 그러나 듣는 내용을 능동적으로 Note-taking하게 되면 절대 다른 생각을 할 수 없다. 그래서 Total Note-taking은 고도의 집중력을 유지하는 가장 효과적인 방법이 된다.

듣기 길이가 늘어났기 때문에 내내 집중을 해서 들었더라도 막상 문제를 풀려고 하면 내용이 기억나지 않는 경우가 많다. 이때 Total Note-taking은 들은 내용을 체계적이고 논리적으로 복기할 수 있도록 해주기 때문에 문제를 풀 때 결정적인 역할을 한다. Note-taking한 내용 중에서 해당 문제에 관련된 부분을 눈으로 보면서 쉽게 찾을 수 있어서 실수 없이 문제를 풀 수 있기 때문이다.

★ 통합형 Speaking과 Writing

iBT TOEFL Speaking과 Writing에서도 Total Note-taking의 역할은 결정적이다. 눈으로 읽은 내용을 귀로 들은 내용과 비교 분석해 입으로 말하는 Speaking 3번과 4번 문제에서 Note-taking의 역할은 결정적이다. 또한 들은 내용을 요약해 말하는 Speaking 5번과 6번 문제도 마찬가지이다. 한국어와 영어 사이의 커다란 언어적 차이 때문에 외국 경험이 없는 우리 학생들에게 Speaking은 가장 힘든 도전이 될 것이다. Total Note-taking은 영어 어순에 따라 내용을 정리하도록 고안되었기 때문에 Notes

를 보고 쉽게 영어로 말을 할 수 있다. 영어 어순에 맞추어 주어-동사-목적어 순으로 정리하기 때문에 영어 Speaking이 아주 가볍게 느껴질 것이다. 게다가 Note-taking은 들은 내용을 충실하게 담아주는 역할을 함으로써 수준 높은 Speaking을 가능하게 해주어 Speaking 영역에서 고득점을 보장해 준다. 아무 체계도 없이 무작정 들은 내용을 메모한다면 Speaking에 별 도움이 되지 못한다. 따라서 Total Note-taking의 기호에 숙달하기 위해서는 시간이 걸리겠지만 Speaking 고득점을 위해 반드시 체계적인 Total Note-taking을 익혀야 한다.

읽고 들은 내용을 비교해 글을 써야 하는 통합형 Writing 문제에서도 Total Note-taking은 큰 몫을 한다. 읽기 지문은 화면에 계속 주어지지만 들려주는 내용은 한번 흘러가면 그만이다. 읽기 지문의 내용을 많이 인용해서 Writing에 사용하면 좋은 점수를 받을 수 없다. 대신 Total Note-taking을 활용해 들은 내용을 Summary하고 이를 Writing에 인용하면 점수가 많이 오를 것이다. 더구나 Total Note-taking은 영어 어순에 따라 정리되는 장점이 있어서 영어로 말하거나 쓰기를 할 때 유용성이 아주 높다. Note-taking을 기본으로 글을 쓰면 어순에 신경을 쓰지 않고 내용까지 충실한 수준 높은 Essay를 도출할 수 있을 것이다.

Basic Structure

주어 / 동사　목적어

예 The professor gave us a lot of assignments.

Pº/공 < assig

예 I took the biology class.

/丁 bio class

* 품사별 기호의 특징

1. 주어

주어가 'I' 이거나 전 문단의 주어와 같을 때는 빈 공간으로 둔다.

예 I forgot all about that report!

/ 오^F rep!

예 I think that the professor is right.

/ 오^T (p° ⊘

2. 동사

Be동사는 표시하지 않으며, 기타 동사는 대문자로 쓴다. 단, 자주 사용하는 동사는 별도의 기호를 사용하면 편리하다. (연상기호법 참고 ☞ 24쪽)

W	work	일하다
Wr	write	쓰다
Ch	choose	선택하다
R	read	읽다
N	need	필요로 하다
U	use, utilize	이용하다
D	decide, determine	결정하다

동사의 시제는 대문자로 표기한 후 밑에 ┘ ㄴ 를 붙여 과거와 미래를 나타낸다.

* **과거형**

예 He worked in the library last week.

✳ 미래

예 He'll write it next week.

> he⁄ Wr w̃
>   L

✳ 진행형

예 The student is using expensive equipment.

> sº⁄ U $⁺ equip

※ 현재형은 표시 안 함.

예 She needs some help.

> She⁄ N ◁

3. 명사

명사는 소문자를 사용한다. 자주 쓰이는 명사 기호를 참고한다.

예 A fire broke out in the university.

예 The professor will understand his student's capacity soon.

4. 형용사

형용사는 소문자에 • 을 이용해 표기한다.

'좋은' 의 의미를 갖는 형용사는 • 을 소문자 위에, '나쁜' 이나 '기본적인' 의 의미를 갖는 형용사는 소문자 아래에 • 을 표기하고, 기타 형용사는 • 을 소문자 옆에 찍는다.

자주 쓰이는 형용사

ġ	Good	좋은
ḟ	Fabulous, fantastic	멋진
ṁ	Main, major	주된
ẹ	Elementary	기본적인
ḅ	Basic, bad	기본적인, 나쁜
sc·	Scientific	과학적인
n·	Natural	자연적인
nec·	necessary	필수적인
av·	Average	평균의
sp·	special	특별한

예1) The student wrote a fabulous report on the topic.

s° / Wr f rep top

예1) He decided to work on the main factors.

he / D W ṁ fact

예1) The professor will give a special lecture on that scientific topic.

p° / L sp · lec   sc · top

5. 부사

부사는 소문자 옆에 : 를 붙인다.

자주 쓰이는 부사

a:	always	항상
u:	usually	보통
sp:	specially	특히
g:	generally	일반적으로
t:	totally	종합적으로, 완전히
o:	often, originally	종종, 원래는
s:	sometimes	가끔, 때때로

예 **People generally read scientific books.**

ㅇ/ g: R   sc·book

예 **An average student usually writes a basic report.**

av· sº/ u: Wr   ḇ rep

6. 접속사/절 괄호는 절을 나타냄

which   (when w (because b (
who   where   due to
that

if   (althougth   ∝(
whether)   even though

>	to~, in order to~	
∴	so, therefore	
b	but, however	
+	and, also, moreover	

예 Although he understood the basic rules, he always had a hard time playing the game well.

∝(he/Oᵁ b̦ rule

    a: h~

        play game

예 The student didn't get a good grade because she didn't read the book.

> s°⁄ xG˅ ġ gr
>   ᄀ   ᵇ(xR book

7. 핵심어휘

각 지문에 등장하는 핵심단어, key word는 처음만 그대로 쓰고 반복될 때는 *로 표시해 표기시간을 단축한다.

예

- What are these things?
  Yes, that's right - <u>feathers</u>.

wt?

"feathers"

If birds needs <u>feathers</u>, and birds spend a lot of time taking care of those very important <u>feathers</u>, why is it that those <u>feathers</u> sometimes fall out?

⌠ bird⁄ (N ✳
      Care ⁄✳

why
    ✳⁄ s: F↗ ?

8. 전치사

on, at, in 등 시간, 장소 전치사는 명사 아래 ⌣ 표기한다.

예 He is at home.

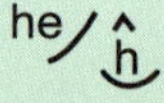

따라해봅시다!

앞에서 배운 원칙을 이용해 Total Note-taking 기본 연습을 해봅시다!

1. A student writes a report.

> S°/ Wr rep

An average student writes a basic report.

> av· S°/ Wr ♭ rep

An average student usually writes a basic report on a scientific topic.

> av· S°/ u: Wr ♭ rep ‿ sc· top

따라해봅시다!

2. A professor reads many books.

> p°/ R ∠ book

A university professor generally reads many scientific books.

> ûp°/ g: R ∠ sc· book

A university professor generally reads many scientific books in his office.

> ûp°/ g: R ∠ sc· book ô

Because a university professor generally reads many scientific books in his office, he can write fabulous research papers.

^b(û p°) g: R ⟨ sc· book ô

Wr f rch pap

Total iBT TOEFL
Note-taking System 비법
2부

1. 연상법을 이용한 기호

생각 등 머리와 관련된 동사(사람 얼굴 O를 사용)

O^T	Think
O^k	Know
O^S	Study
O^B	Believe
O^u	Understand
O^L	Learn
O^R	Remember
O^F	Forget

화살표(지속, 이동, 발전 등의 의미)

C→	continue
L→	last(지속되다)
P→	preserve/predict/proceed
R→	remain
T→	transport/transfer/transmit
M→	move/maintain
K→	keep

F→	flow
E→	expect
d↗	develop
g↗	grow
e↗	evolve
S↗	sustain/steady
r↗	recover
S↗	surge
a↗	advance
p↗	progress, prosperity

기타

↑	improve/increase/rise
↓	decrease/reduce/fall
A↙	attract, aquire, absorb
B↙	buy
D↙	draw
Im↙	immigrate/-tion
G↙/T↙	get/take
Ob↙	obtain

(기호연상 tip)
외부에서 안으로 끌어들이는
의미의 동사 : 대문자 ↙

E↗	escape
R↗	remove
⨍	future
p͡	past
a͡	ancient
t͡	traditional
h͡	historic
e͡	experience
p→	permanent
c↙	consumption
$↙	income
$↗	expenditure
→←/c×	collision/competition
↳	react/respond
↦	start, since
→⊣	finish, complete, stop, prevent, arrive
⊦→	pass
↺	return
↻	include, contain
⚲	exclude, take out, subtract
↵	before

(기호연상 tip)
과거와 관련 있기 때문에
뒤로 거슬러 가는 ↰ 사용

↳   after

↔   opposite, contrast(ing)

동그라미(사람+생물의 뜻)
→ 사람의 머리를 연상시키는 0를 기호옆에 넣는다.

⚲   people, person

⚲⁻   old person

⚲-   young person

⚲_   baby person

s°   student, scientist

p°   professor

f°   father, friend, family

∧   (장소의 의미) → 지붕을 연상키키는 ∧ 를 글자 위에 넣는다.

ŝ   school, shop

ĥ   house, habitat, home

ĉ   company, center, city

r̂   room

p̂	place
m̂	market
û	universe, university
ô	office, organization
â	apartment
d̂	department, dorm

\\⁄   (열기, 번쩍)

→ 열의 분산이나 스파크를 나타내는 \\⁄ 를 글자 위에 넣는다.

ḧ	heat
ï	idea
ë	energy/electricity
ẅ	warm
p̈	passion
f̈	fire
c̈	creativity, coal
ö	global warming
b̈	burning
s̈	sunlight, smoke

∿ (알통그림→힘, 단단함) → 알통 있는 튼튼한 팔을 연상시킨다.

∿	strong, hard
P∿	pontential
A∿	ability
C∿	capacity
L∿	labor force
W∿	work force

2   (하나 이상의 의미)

t^2	together
m^2	mutual
r^2	relation(ship)
b^2	between, bilateral

<　　(확산, 생산의 의미) → '확대하다'는 의미의 **<** 기호

G<	generate
P<	produce
E<	expand, emit, extend
S<	spread
R<	release
M<	manufacture

ᕐ　　("비둘기" 평화, 자유, 희망)

→ 날아가는 비둘기를 글자 우측상단에 넣는다.

pᕐ	peace
dᕐ	democracy
fᕐ	free(dom)
uᕐ	unification
rᕐ	reconciliation
hᕐ	hope

∨　("안테나" 전자, 기술 등 의미)

안테나를 나타내는 ∨를 기호 글자 위에 넣는다.

č	computer
ť	technology
ŏ	online
ĭ	internet

∿　(평탄치 않은, 어려움 의미) → 꾸불꾸불한 길을 연상시킨다.

p∿	problem
t∿	trouble
d∿	difficult
∿	survive

early-late → 단어 앞뒤에 ǀ 를 찍음

ǀ♀	early man
mǀ	late this month

ⓒ 글자 글자("주위" 의미)

→ 글자에 원을 그려 주변, 주위, 환경, 공간을 연상시킨다.

- ⓔ environment
- ⓢ surrounding, space
- ⓝ nature
- ⓤ universe
- ⓐ around

大 小 한자

- 大 big, large
- 小 small, little
- 力 : probably, mayby possible
- 分 analize

명사화 어미 '~tion'을 n으로 표시한다.

- $\Box^n$ –tion
- θ^n globalization
- $\mathsf{I}^{\sim n}$ industrialization

d^{vn} democratization

$\boxed{\text{o}}^{n}$ informatization

urb^{n} urbanization

돈을 나타내는 $

$ wage, fee, price, money

$^{↙}   income

$^{↗}   expenditure

$^{+}   expensive

$^{-}   cheap

진행, 과정의 의미를 나타내는 =

G=   course

P=   process

∓   through

2. 기타 기호

기호	기호 설명	의미	한글 의미
⧖	신호등파란불	allow, permit	허락하다
⬡	입술	say, announce, tell	말하다
♂	듣는 귀	hear, listen	듣다
℥	손을 연상시키는 벙어리 장갑	give, provide	주다
⊘	거울	show, reflect	보여주다
∞	자리바꿈표시	change, transform	변화하다
∞	자리바꿈표시 중앙에 innovate의 I 표시	innovate	혁신하다
)	눈(옆모습)	see, watch	보다
♡		want, like, prefer	원하다, 좋아하다
⊥	표면 한 곳에 집중 되는 점	focus on, interested in, emphasize	강조하다
♀	돋보기	look for, find, discover	찾다
℧	땅이 파인 모양	dig, excavate	파다
⋈	둘을 묶어주는 매듭, 리본	join, meet, connect	연결하다, 만나다
V	victory 승리	succeed, win	성공하다, 이기다

기호	모습	영어	한국어
∴		divide, classify	나누다, 분류하다
↗	땅에서 나오는 모습	emerge, happen, occur	발생하다
	문제 ~를 뚫고 나오는 모습	survive	생존하다
A⟋B	A가 B를 덮는 모습	A influences/affects B; A is applied to B	영향 미치다
A⤳B		A becomes B	…가 되다
〈		There is/are; have	있다
〈		There are a lot	많이 있다
〈		There are a few/some	몇몇 있다
	땅에 갇힌 모습	trap, bury, deposit	묻다, 가두다
⊓	건물	build, construct	건설하다
⌒	덮게	cover	덮다
≋	쌓인 모습	accumulate	쌓이다
	목잘리는 모습	die	죽다, 죽이다
O─O	안경	examine, inspect	연구, 관찰하다
⊲	벽을 미는 모습	support, help	돕다, 지지하다
∩	우산	protect, defend	보호하다
	초꽂힌 케익(탄생)	create, form, make	생기다, 만들다
∀	두팔들어 시위하는 모습	oppose, protest, criticize	반대하다

기호	설명	영어	한국어
○	땀방울	try, make effort, attempt	노력하다
▣	정보를 저장하는 디스켓	information, data/statistics	정보, 통계
三	길, 도로	way, method, road	길, 방법
彐→	길(=) 중앙에 방향을 나타내는 화살표	direction	방향
ᴼ	열쇠	opportunity	기회
＇＇	구역	region, area, field	지역, 분야
ᒣ	등받이 의자	leader, president	지도자
⊙	과녁	purpose, goal, target, aim	목표, 목적
▢	물로 찬 컵	fill	채우다
／·	느낌표	important, critical	중요한
☆	별	interesting	흥미로운
ꙩꙩ	웃는 얼굴	happy, glad	기쁜
✕	화난 얼굴	angry	화난
ꙩꙩ	울상인 얼굴	sad	슬픈
Ħ	사다리	gradual	단계적인
ᒟ	굴뚝	industry, factory	산업, 공장
⊖	지구	world, globe	세계
ᣟ	목표물에 다가간 점	approach, close, contact	접근, 가까운

기호	뜻	영어	한국어
Cⁿ	전화선	communication	커뮤니케이션
⚷	나무	tree/woods	나무, 숲
✉	봉투	letter, invitation	편지, 초청
⏃	저울	balance	균형
⟁	기운 저울	imbalance	불균형
◉		center, middle	중앙
□	나라 국	country	나라
⊓		industrialized /advanced country	선진국
⊢		developing country	개발도상국
⊔		underdeveloped country	후진국
▽	당근	of course	물론
∴		therefore	따라서
b		but	하지만
✓		yes	그렇다
⊘		(You're) right, correct, true	맞다
⊗		(You're) wrong	틀리다
w/		with	…와 함께
w/x		without	…없이

기호		의미	뜻
+		and	그리고
⊿		most	대부분의
ad⁺		advanced, additional	고급, 추가의
<u>t</u>		today	오늘날
i.e.		in other words, that is	다시 말해
e.g.		for example	예를 들어
A⌣B		A related to B	…와 관련된
⌣		depend	의존하다
✔A/✔B	Yes(✔)A, Yes(✔)B	not only A, but also B	A뿐만 아니라 B
✗A/✔B	No(✗)A, Yes(✔)B	not A, but B	A가 아니라 B
A/B̲		A is based on B	A는 B에 기반한다
♉	열매	result, consequence	결과
^^		amazing/ed, surprising/ed	놀라운
📺	화면	media	언론
木	갈퀴, 쟁기모양	farming, agriculture	농업, 농사
av		average	평균
%		rate, percentage	비율

=	– such as	같다
	– be like	
	– be the same as⋯	
	– equal, match	
≠	diffrent, difference	다른

3. iBT에 자주 나오는 단어

adv	advantage	장점
atm	atmosphere	대기
beh	behavior	행동
bf	benefit	혜택
biz	business	사업
char	characteristic	특징
clim	climate	기후
cond	condition	상태, 조건
d	day	일
dep	deposit	퇴적물
ds	design	디자인
edu	eudcation	교육
evid	evidence	증거
exp	experiment	실험
fl	fall	가을
fv	favor	부탁

fin	finances	재정
fs	fossil	화석
gcier	glacier	빙하
grad	graduation	졸업
g r	grade	점수, 성적
hw	homework/assignment	과제, 숙제
h	hour	시간
ind	individual	개인
kn	knowledge	지식
maj	major	전공
mgt	management	경영, 관리
mat	material	재료, 자료
mtg	meeting	회의, 만남
m	month	월
perf	performance	수행능력
poll	pollution	오염
prep	preparation	준비
Q^L	quality	품질

Q^T	quantity	수량
rem	remains	잔해
rep	report	보고서
rch	research	연구, 조사
res	resources	자원
sce	science	과학
sed	sediment	침전물
sem	semester	학기
sit	situation	상황
spc	species	종
spr	spring	봄
s t	standard	기준
subs	substance	물질
sum	summer	여름
surf	surface	표면
t°	temperature	온도
th	theory	이론
top	topic	주제

und	understanding	이해
wt	what	무엇
wint	winter	겨울
y	year	해

4. 학문

Anth	anthropology	인류학
Arch	archeology	고고학
Ast	astronomy	천문학
Bioeng	bioengineering	생물공학
Bio	biology	생물학
Chem	chemistry	화학
Ec	economics	경제학
Geog	geography	지리학
Geol	geology	지질학
His	history	역사학

Lit	literature	문학
Math	mathematics	수학
Pal	paleontology	고생물학, 화석학
Phil	philosophy	철학
Phys	physics	물리학
Pol	politics	정치학
Psy	psychology	심리학
Soc	sociology	사회학
Zool	zoology	동물학

Continents

Am	America	미국
Af	Africa	아프리카
As	Asia	아시아
Eu	Europe	유럽

5. Note-taking Practice

앞에 나온 기호를 이용해 아래 문장을 Note-taking 해봅시다!

A. 단계별 문장 Note-taking 연습

1. I took the biology class.

> /T↙ bio class

I took the advanced biology class with professor Corbin last year.

> /T↙ ad⁺ bio
>   w/ p° Corbin
>   y

I took the advanced biology class with professor Corbin last year and got a fairly good grade.

> /T↙ ad⁺ bio
>   │ w/ p° Corbin
>   ↓   y
>   f: ġ gr

2. Those exercises will demonstrate.

exe /◎
L

Those basic exercises will demonstrate whether you have the knowledge and understanding.

b exe /◎
L ∫ y/< kn+und

Those basic exercises will demonstrate whether you have the necessary knowledge and understanding because they cover the fundamental points of the book.

b exe /◎
L ∫ y/nec· kn+und b(⌒f point

B. iBT 실전 Note-taking 연습

1. Conversation

Woman
How are you going to write your report?

Man
Well, first I'm going to read books on the main topic: American elections. Then I'm going to research every election since 1971. Since the topic is quite broad, I'll focus only on the Presidential elections.

Woman
Hey, that's a good approach.

2. Interactive Lecture

Student A
So you're saying that the shy girl in the back of the class who might never have any aspirations to speak in public, in the right situation, bring herself to become a leader for a purpose?

Professor
Yes. You're right. There are also situations where there is some kind of urgent group need. For example, say people are riding a bus, and there is an accident. Then it becomes necessary for someone to take charge of the situation regardless of his or her normal personality. A shy person then may become the leader of the group.

Student B
So we all have the potential for leadership within us.

Professor
That's right!

3. Monologue Lecture

Professor
Well, hello again, class. I'm glad to see you today because we're gonna cover one of the most amusing zoological phenomena today - the deceptive tacfics of the plover.

Now, I know most of you are thinking, "What on earth is a plover?". It's a small bird that typically nests on beaches or in open fields. And as interesting as this bird is, it's kind of surprising that it isn't well known.

iBT 토플 해결사
TOTAL iBT 토플 5총사!

- iBT 토플 해결의 열쇠인 TOTAL Note-taking System 무료 별책 제공
- 실전 시험 10 Set에 달하는 다량의 문제 수록
- iBT 100점 돌파를 위한 고난이도 문제 엄선
- 영어 교육학 박사와 동시 통역사가 만든 전문 iBT 준비서

Total Reading

- 실전 수준의 고난도 지문 엄선
- 실전 시험 환경과 동일한 교재 구성
- 실전 RC 주제와 가장 근접한 지문

Total Listening

- 세계 최초로 전체 Script에 모범 Note-taking 수록
- 실전 시험 그대로 영국과 호주식 발음 녹음 추가

Total Speaking

- Model Speaking 답안은 물론 기본 말하기 문형까지 제공
- 통합형 문제를 위한 모범 Note-taking 수록

Total Writing

- 기본 문장 연습에서 완성된 Essay까지 단계별 학습
- 통합형 문제를 위한 모범 Note-taking 수록
- 여러 학생들이 고득점을 받은 검증된 Writing formula

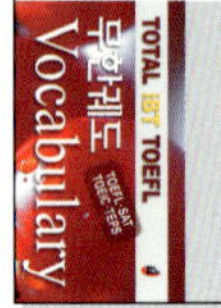

Total Vocabulary

- 무한궤도 자동 암기 시스템으로 학습 효과 배가
- 예문 중심 구성으로 독해력까지 향상
- 문맥상의 의미 습득을 통한 iBT 토플형 어휘 학습

- Listening Tape 별매
- Speaking Tape 별매